BOD
Books on Demand

Mein besonderer Dank gilt meinem Mann Claus, der mich immer beim Schreiben meiner Bücher unterstützt, meine Rechtschreibung korrigiert und meine Kommata richtig verteilt.

Lieben Dank auch an Tanja und HP für ihre hilfreichen Anregungen und Hinweise, wenn ich mal wieder den Wald vor lauter Bäumen nicht gesehen habe - See you soon in the USA!

Amerikaverrückt

Wie plane ich eine USA-Reise richtig?

Kompakte Kurzanleitung für einen unbeschwerten Urlaub

Petra Berneker

Bibliografische Information der Deutschen Nationalbibliothek:
Die Deutsche Nationalbibliothek verzeichnet diese
Publikation in der Deutschen Nationalbibliografie;
detaillierte bibliografische Daten sind im Internet über
dnb.dnb.de abrufbar.

Bilder: Claus und Petra Berneker
Herstellung und Verlag: BoD – Books on Demand,
Norderstedt

ISBN: 978-3-7357-6257-3

Inhaltsverzeichnis

Vorwort

Seit mehr als 25 Jahren sind die USA unsere große Leidenschaft. Unsere Freunde fragen schon gar nicht mehr, in welches Land wir in Urlaub fahren, sondern nur noch, welches Ziel wir in den USA als nächstes ansteuern.

Viele, die selber einen Urlaub in den USA geplant haben, haben mich (da ich immer die Urlaubsplanung mache, hält mein Mann mich für die Expertin, aber ohne seine Anregungen ginge eine Planung nicht) im Laufe der Zeit nach Hinweisen und Tipps gefragt.

Dabei ist mir immer wieder aufgefallen, dass auch Dinge bei der Planung schief zu laufen drohten, die mir schon lange selbstverständlich erschienen, aber für den unerfahrenen USA-Reisenden völlig überraschend und neu waren.

Selbst wenn eine Reise durch ein Reisebüro geplant wurde, war nicht alles perfekt. Da wurden schon mal Anschlussflüge verpasst, weil die Umsteigezeiten zu kurz waren, oder die geplanten Fahrstrecken waren einfach an einem Tag nicht zu schaffen. Oder die Wartezeit beim Einchecken im Hotel überstieg schon mal 2 Stunden, weil Las Vegas unbedingt am Wochenende eingeplant war. Immer wieder konnte ich mit Informationen helfen.

Durch einige Vorträge an Volkshochschulen zum Thema Reiseplanung USA, bei denen auch Fragen der Teilnehmer auftauchten, mit denen ich nie gerechnet hätte, entstand so die Idee, dieses Buch zu schreiben.

Jedes Kapitel beginnt mit einem eigenen Erlebnis aus vielen unterschiedlichen Reisen, welches verdeutlichen soll, was für Fehler man machen kann (und welche wir gemacht haben!). Natürlich sind auch uns Anfängerfehler passiert und manchmal hätte ich mir gewünscht, ich hätte ein Buch wie das vor Ihnen liegende selber vorher besessen.

Das Buch soll Ihnen Hinweise vermitteln, es kann und wird Sie aber nicht davon abhalten, einige Sachen nicht optimal zu planen. Mein Ziel ist es nur, Ihnen Dinge bewusst zu machen - entscheiden müssen Sie ganz alleine. Manchmal lassen sich auch Dinge einfach nicht vermeiden. Ich kann Ihnen zwar sagen, dass es nicht optimal ist, am Wochenende in Las Vegas zu übernachten, weil die Hotelpreise dann sehr hoch sind und die Hotels und alle Attraktionen total überlaufen, aber manchmal lässt die Routen- und Zeitplanung keine Alternative zu.

Ergänzend finden Sie am Ende eines jeden Kapitels unter ☺☺☺ persönliche Anmerkungen und aktuelle Links zu interessanten Seiten im Internet, auf denen Sie weitere Informationen suchen und finden können. Natürlich kann ich für die Richtigkeit dieser Seiten keine Gewähr übernehmen. Alle von mir gemachten Preisangaben beziehen sich auf das Erscheinungsdatum dieses Buches.

*Am Ende des Buches finden Sie außerdem Packlisten für den Urlaubskoffer und eine Einkaufsliste (bitte ohne Katzenfutter - was ich damit meine, erfahren Sie im Kapitel **8. Einkaufen**).*

Vor allem aber möchte ich Ihnen Mut machen, auf eigene Faust in die USA zu fahren, und wünsche Ihnen viel Spaß bei der Planung Ihrer Reise.

Vermeiden Sie die von uns gemachten Fehler, machen Sie lieber Ihre eigenen. Und denken Sie immer daran, dass die gemachten Fehler zu den am häufigsten erzählten Urlaubsanekdoten gehören. Wie hat einmal ein Hotelportier auf Key West zu uns gesagt, als ich mich über einen unglücklich gelaufenen Tag beschwert habe: "You have memories!"

Petra Berneker

Hochheim, im August 2014

1. Den Flug planen

Wir steigen mal wieder am Frankfurter Flughafen aus unserem Taxi. Es bleibt uns noch genug Zeit zum Einchecken. Aber es ist heute ziemlich voll. Also stellen wir uns erst einmal am Schalter von United Airlines an - und warten. Die Schlange bewegt sich nur langsam vorwärts, die Zeiger der Uhr dafür umso schneller. Nach gefühlten zwei Stunden Wartezeit und nachdem die Schlange kaum kürzer geworden ist (warum geht es nicht voran?), kommt ein United-Angestellter vorbei und fragt jeden wartenden Passagier nach seinem Ziel. Dann teilt er einigen zu ihrem Entsetzen mit, dass sie am falschen Schalter warten. Auch wir erfahren, dass unser Flug zwar bei United gebucht ist, aber von der Lufthansa durchgeführt wird. Die Reisenden vor uns erwischt es noch schlimmer, sie müssen weiter zur Condor. Und dort ist die Schlange noch länger. Wir eilen zusammen mit einigen anderen Reisenden panikartig an den richtigen Schalter. Dort geht es dann auch relativ schnell (könnte es daran liegen, dass dieser Schalter besetzt ist?). Nachdem wir endlich das richtige Gate erreicht haben, meldet sich eine freundliche Stimme aus dem Lautsprecher und verkündet, dass unser Flug statt um 13.30 Uhr erst um 15 Uhr starten wird - und auch noch von einem anderen Gate. Aber jetzt haben wir ja genügend Zeit für einen Wechsel des Gates. Nun verliere ich auch noch kurzfristig meine bessere Hälfte. Ich wähne ihn auf der Toilette. Kurz vor dem Boarding kommt er wieder und dann geht es endlich los.

In Atlanta geht es erstaunlich schnell mit der Prozedur beim Immigration Officer. Wir holen unsere Koffer vom Band und wollen erneut einchecken für den Anschlussflug nach Las Vegas. Doch es gibt keine freien Plätze mehr für uns in der Maschine. Nun zückt meine bessere Hälfte unsere Tickets, eingebucht und "confirmed". Mein Mann ist ein Genie, er hat schon in Frankfurt, als die Verspätung absehbar war und ich ihn auf der Toilette vermutete, die Tickets umgebucht. Wir bekommen unsere Bordkarten, andere Passagiere aus unserem Flieger nicht. Dann geht es für uns weiter durch die amerikanische Security. Kontrolle der Foto- und Videoausrüstung, Schuhe ausziehen, Gürtel ablegen. Wir sind alleine am Checkpoint, deshalb beschäftigen sich gleich 7 Officers nur mit uns.

Als wir am Gate sind, können wir erstmals Luft holen, uns in Ruhe unsere Bordkarten ansehen und feststellen, dass mein Ticket auf den Namen Margaret Becker lautet. Jetzt wird uns klar, warum ein Officer an der Sicherheitsschleuse so komisch geguckt hat (aber warum hat er uns passieren lassen, wenn der Name auf dem Ticket nicht mit dem im Pass übereingestimmt hat????). Also hetzt mein Göttergatte noch einmal zum Schalter und lässt sich das richtige Ticket geben. Ich bin wirklich mit einem Genie verheiratet. Nach dem Start (endlich) fällt dieses Genie in den Tiefschlaf. Wir landen gut vier Stunden später endlich in Las Vegas. Mittlerweile ist es schon 23 Uhr Ortszeit, meint, 7 Uhr morgens in Deutschland.

Am Band warten wir dann auf unsere Koffer. Alle Koffer kommen - nur unsere nicht. Bitte, nicht das auch noch! Doch ich bin ja mit einem Genie verheiratet. Als das Band stoppt und ich schon wieder in Panik gerate, geht mein Genie noch einmal herum und schaut genau nach. Jemand hat es wohl besonders gut gemeint und unsere Koffer schon vom Band genommen. Sie stehen friedlich auf der anderen Seite und warten auf uns. Unser Urlaub kann beginnen. Als wir im Hotel in unsere Betten sinken, denken wir an die Leute, die wir in Atlanta verloren haben. Wann werden sie wohl ihre Ziele erreichen?

Fazit:

Erkundigen Sie sich vorher, welche Airline Ihren Flug durchführt! Dies muss nicht zwingend die Airline sein, bei der Sie gebucht haben.

Wenn Sie schon in Deutschland vor dem Start absehen können, dass sich Ihr Flug erheblich verzögert, versuchen Sie, den Anschlussflug schon in Deutschland umzubuchen.

Und jetzt dürfen Sie noch einmal schmunzeln. Gehen Sie vor der Landung auf die Toilette. Die Zeit, die Sie am Flughafen nach der Landung auf der Toilette verbringen, kostet Sie mindestens zwanzig Personen in der Reihe vor Ihnen bei der Einreise. Und versuchen Sie, einen Platz möglichst weit vorne im Flugzeug zu bekommen, wenn die Umsteigezeit knapp bemessen sein sollte.

Abflug am Frankfurter Flughafen

⇨ ⇨ ⇨ ⇨ ⇨ ⇨ ⇨ ⇨ ⇨ ⇨ ⇨ ⇨ ⇨ ⇨ ⇨

Wenn Sie in die USA reisen wollen, werden Sie dies, schon aus Zeitgründen, normalerweise mit dem Flugzeug tun.
Fluggesellschaften haben die Aufgabe, ihre Passagiere von einem Ort an einen anderen zu bringen. Normalerweise sollte dies auf dem schnellsten Weg passieren - aber das ist leider nicht immer der Fall, wie das einleitend geschilderte Erlebnis deutlich macht.

Sehen wir uns also einmal die Gegebenheiten an, die eine Flugplanung beeinflussen. Dies sind:

Flugpreis
Flugzeit(en)
Flugdauer
und damit eng verbunden - die Zwischenstopps.

Wenn Sie **nicht** im Lotto gewonnen haben (<u>**1.1**</u>), werden Sie auf den **Flugpreis** achten.
Dieser Preis ist gleich von mehreren Faktoren abhängig: vom Zielort, von der Zeit, in der Sie fliegen wollen (Ferien oder Nebensaison), von der Airline, mit der Sie fliegen, und/oder wie lange Sie unterwegs sein wollen (!).

Außerdem kann die Wahl einer **Airline** die Flugzeit und die Zwischenstopps beeinflussen. Fliegen Sie z. B. mit Aeroflot von Frankfurt nach New York, machen Sie häufig einen "kleinen" Umweg über Moskau (haben Sie die Karte von Europa vor Augen?).
Und bei einem Rückflug von Denver nach Frankfurt mit US Airways können Sie den Flughafen von Charlotte, North Carolina, genau kennenlernen. Die Zeit,

die Sie hier zum Umsteigen haben, kann 19 Stunden betragen. Da kennen Sie hinterher jeden Quadratzentimeter (der Flughafen ist nicht gerade riesig) und das Personal bei McDonald's begrüßt Sie beim dritten Refill Ihres Kaffees (den gibt es immerhin gratis) mit Handschlag.

Sie können bei einer Airline direkt buchen, aber als günstiger hat es sich erwiesen, wenn Sie erst einmal Informationen über eine Preissuchmaschine (**1.2**) einholen. Ich habe in der Vergangenheit die Erfahrung gemacht, dass nicht alle Flüge von allen Suchmaschinen angeboten werden und gleiche Flüge schon gar nicht das gleiche kosten müssen. Sie sollten daher immer mehr als eine Suchmaschine bemühen.

Geben Sie zuerst die Daten ein, an denen Sie fliegen möchten, den Abflug- und den Zielflughafen.

Die Flüge erscheinen **nach Preisen sortiert**, der billigste Flug steht ganz oben. Doch dieser muss nicht immer auch der für Sie beste sein. Um den besten Flug herauszufiltern, sollten Sie die Suche einschränken. Dies können Sie gleich auf mehrere Arten machen. Zuerst einmal sollten Sie alle Flüge entfernen, die **nicht** "economy" sind (siehe oben: Lottogewinn). Danach sollten Sie alle Flüge entfernen, die **2 oder mehr Zwischenstopps** anbieten (**1.3**).

Sie haben jetzt die Wahl, ob Sie mit einem Zwischenstopp oder **nonstop** fliegen wollen. Dies ist eine Preisfrage (mal wieder) und eine Frage Ihres **Zieles**. Möchten Sie z. B. nach Phoenix in Arizona fliegen, weil Ihnen dieser Ort für Ihre geplante Rundreise als guter Ausgangspunkt erscheint, so werden Sie feststellen, dass diese Großstadt mit immerhin fast 1,5 Millionen Einwohnern (im Großraum leben fast 4 Millionen Menschen) von Deutschland aus nicht direkt angeflogen wird. Sie müssen also umsteigen.

Grundsätzlich sind Nonstop-Flüge zu bevorzugen, da die "reine Flugzeit" kürzer ist und sich Schwierigkeiten beim Umsteigen gar nicht erst ergeben (**1.4**).

Hinweis:
Achten Sie auch bei Nonstop-Flügen auf die Flugzeit. Bei einigen Suchmaschinen werden sogenannte Nonstop-Flüge ausgewiesen, die von der reinen Flugzeit her nicht ohne Zwischenlandung auskommen können. (Das Zeitalter, in denen Propellermaschinen über den Atlantik flogen, ist vorbei!) Ein Nonstop-Flug an die Westküste der USA, also z. B. nach Las Vegas oder San Francisco, darf nicht länger als 11 - 12 Stunden dauern. Wird Ihnen hier eine Flugzeit von 16 Stunden angeboten, so macht das Flugzeug mit Sicherheit eine Zwischenlandung, die nur nicht ausgewiesen wird. Sie fliegen danach nur mit dem gleichen Flugzeug und/oder der gleichen **Flugnummer** weiter.

Der **erste** Flughafen, den Sie in den USA erreichen, ist Ihr Einreiseflughafen.
Dies bedeutet, dass an diesem Flughafen auch die ganzen Einreiseformalitäten abgewickelt werden. Sie passieren hier die U.S. Customs and Border Protection (CBP) (**1.5**) mit der Prozedur des Einreisens (z. B. Passkontrolle, Fingerabdrücke, Foto) und den Zoll. Dazu müssen Sie ihr Gepäck vom Gepäckband holen, den Zoll passieren und, bevor Sie weiterreisen, Ihr Gepäck wieder aufgeben. (Keine Angst, die Flughäfen sind dafür eingerichtet. In der Regel erfolgt die Abgabe des Gepäcks direkt hinter der Zollkontrolle für alle weiteren Ziele an einem gemeinsamen Band. Sie geben den Koffer einfach nur ab.) Zudem kann es Ihnen passieren, dass Sie das Terminal wechseln müssen, weil Sie auf dem internationalen Teil angekommen sind, jetzt aber national weiterfliegen. Dazu

müssen Sie noch einmal den Security Checkpoint passieren.

Da dies alles Zeit in Anspruch nimmt, sollten Sie nun bei Ihrer Flugauswahl dringend alle Flüge eliminieren, die eine **Umsteigezeit** von weniger als 2 Stunden ausweisen (1.6). Und da Sie gerade beim Einstellen der Umsteigezeit sind, regulieren Sie diese noch auf weniger als 5 Stunden (Sie wollen schließlich fliegen und nicht den Flughafen von Charlotte, North Carolina, kennenlernen).

Sie haben nun noch die Möglichkeit, **einzelne Airlines** aus der Suche auszuschließen. Dies könnte z. B. in Frage kommen, wenn Sie gezielt nach einer bestimmten Airline suchen, weil Sie dort ein Kundenkonto haben und Meilen sammeln möchten. Oder wenn Ihnen eine Airline unsympathisch ist, weil Sie schlechte Erfahrungen gemacht haben.

Den in einigen Suchmaschinen auftauchenden Filter "mehrere Airlines" können Sie bei USA-Flügen ruhig aktiv lassen, er bedeutet nur, dass Flüge von Airlines mit angeboten werden, die sich zu Verbünden zusammengeschlossen haben, um mehrere Ziele anbieten zu können.

Dies kann Sie sowieso immer betreffen, denn Sie können z. B. einen Flug bei Lufthansa von Frankfurt nach Las Vegas gebucht haben. Den Interkontinentalflug werden Sie dann mit Lufthansa machen. Da die Lufthansa aber Las Vegas nicht direkt anfliegt, erfolgt der inneramerikanische Flug mit einer anderen Airline, wahrscheinlich im geschilderten Fall mit United, weil die beiden Fluggesellschaften in der Star Alliance zusammengefasst sind.

Die einzige Anmerkung, die ich nun noch zu Flügen hätte, ist die, dass Sie darauf achten sollten, wann am letzten Urlaubstag der Rückflug startet. Auch wenn die Abflugzeit z. B. mit 9 Uhr recht moderat klingt, bedeutet dies doch, dass Sie sehr früh aufstehen müssen. Denn wenn der Flug schon um 9.00 Uhr startet und Sie mindestens zwei Stunden früher beim Check-in sein müssen und zudem noch ihren Mietwagen abgegeben haben sollten (einschließlich Transfer von der Vermietstation zum Flughafen), können Sie sich selber ausrechnen, wann Sie aufstehen müssen. Diese frühe Startzeit für den Rückflug lässt sich aber häufig wegen eines möglichen Stopover noch in den USA nicht umgehen. Einige Suchmaschinen bieten Zusatzinformationen zu Preisen und Zahlungskosten der unterschiedlichen Anbieter und weisen Kosten für die Begleichung der Rechnung aus, die auf Sie zukommen und die leider unumgänglich sind. Allerdings sollten Sie auf die Höhe dieser Kosten achten; das Zahlen mit Kreditkarten kann bis zu 52 € extra betragen (**1.7**)

Noch ein **Tipp** für Wohnmobilfahrer: Es gibt auch manchmal sehr günstige Flugangebote, die für den Hinflug eine Flugzeit von mehr als 24 Stunden ausweisen. Normalerweise sollten Sie solche Flüge streichen. Als Wohnmobilmieter können Sie diese Flüge aber auch nutzen, denn Sie müssen aus versicherungstechnischen Gründen die erste Nacht in den USA verbringen. Warum also nicht den Stopover für diese Nacht nutzen, bequem übernachten und am nächsten Tag nach einem kurzen inneramerikanischen Flug ausgeruht an der Vermietstation ankomme?

Wie lange im Voraus Sie einen Flug buchen, ist aus meiner Sicht eine Glaubensfrage. Frühestens kann man Flüge 364 Tage im Voraus buchen. Allgemein gilt, dass die günstigsten Angebote am schnellsten weg sind, aber auch kurzfristiges Buchen von Restplätzen kann sich lohnen. Die besten Erfahrungen

haben wir mit einem Zeitraum von 3 - 6 Monaten ge-
macht. Allerdings sollte man Ferien und Feiertage im
Auge haben (sowohl in Deutschland, aber auch in den
USA) (**1.8**).

Viel entscheidender als der Zeitraum der Buchung ist
aber die **Flexibilität** bei der Auswahl der Flugtage. So
können sich Flugpreise bis zu 150 € pro Person unterscheiden, je nachdem, ob Sie am Donnerstag oder
Samstag hinfliegen oder am Samstag oder Montag
zurück. Einige Buchungsmaschinen bieten diese
"Flextarife" in der Übersicht an. Auch der Zeitpunkt
Ihrer Buchung kann entscheidend sein. Angebote
unter der Woche am Vormittag sind in der Regel
günstiger als Angebote am Wochenende. Wir haben
die besten Erfahrungen damit gemacht, dass wir die
Angebote ca. 2 bis 3 Wochen immer mal wieder zu
unterschiedlichen Tageszeiten und an unterschiedlichen Wochentagen checken und so einen Überblick
bekommen.

Zur Schonung Ihrer Nerven sollten Sie übrigens nach
erfolgter Buchung die entsprechenden Seiten gar
nicht mehr aufrufen. Selbst wenn sich die Flugpreise
ändern sollten, eine Umbuchung würde jeden möglichen Preisvorteil wieder aufzehren.

Wenn Sie **nicht** in den USA umsteigen wollen, können Sie auch Flüge buchen, die über europäische
Drehkreuze wie Paris, London oder Amsterdam gehen, oder Sie steigen in Kanada um. In beiden Fällen
finden die Einreiseformalitäten erst am Zielflughafen
in den USA statt (**1.9**).

Bevor Sie nun endgültig auf den Button "kostenpflich-
tig bezahlen" drücken, sollten Sie sich noch auf der
Seite der Airline über die Gepäckbestimmungen informieren. Standard sind momentan ein Stück Hand-

gepäck (max. 8 kg) und ein Koffer (max. 23 kg) pro Person (**1.10**).

Tipp: Machen Sie vor dem Abflug ein Foto Ihrer Koffer. Falls das Gepäck fälschlicherweise auf dem Weg nach "Singapur" sein sollte und auf dem dortigen Gepäckband kreist, ist eine genaue Beschreibung oder ein Foto bei der Suche durch die Airline hilfreich.

Wenn Sie jetzt immer noch Lust auf Internet haben, sei Ihnen noch die Seite **www.seatguru.com** empfohlen. Dort können Sie, wenn Sie Ihre Flugnummer und die Airline eintragen, den genauen Sitzplan Ihres Fluges einsehen. Sie finden dort Angaben über die Breite des Sitzes und den Abstand zum Vordermann.

Natürlich gibt es auch die Möglichkeit einer **Seereise**. Mit einem Passagierschiff wie der Queen Elisabeth 2 oder der Queen Mary 2 dauert die Überfahrt ungefähr eine Woche. Hierbei sind die Abfahrts- und Ankunftszeiten normalerweise genau festgelegt. Die Schiffe gehen meist von Southampton nach New York. Einige Reisen gehen auch ab Hamburg. Nähere Informationen gibt es z. B. unter: **www.cunard.de**
Mit einem Frachtschiff kann die Reise mehr als zehn Tage dauern und wird von vielen Faktoren, wie z. B. der Ladezeit und dem Fahrtablauf des Schiffes beeinflusst. Genaue Abfahrts- und Ankunftszeiten gibt es bei so einer Reise nicht. Man muss daher bei einer solchen Überfahrt wesentlich flexibler sein und natürlich mehr Zeit mitbringen.
Seereisen sind außerdem nicht billiger als Flugreisen, so dass ich mich in diesem Buch auf die gängigste Form der Atlantiküberquerung beschränkt habe.

1.1

Laut der Süddeutschen Zeitung liegt die Chance auf einen Jackpot im Lotto mit sechs Richtigen und der Zusatzzahl bei 1 zu 140 Millionen (exakter Wert: 139.838.160). Die Chance für sechs Richtige liegt bei rund 1:15 Millionen (15.537.573).

1.2

Preisvergleiche im Internet z. B. unter:

www.swoodoo.com
www.idealo.de
www.fluege.de
www.skyscanner.de
www.flug.check24.de
www.opodo.de
www.der-flug-vergleich.de
www.mcflight.de
www.airline-direct.de

1.3

Diese Flüge sind zwar in der Regel die billigsten, aber wenn Sie nicht unbedingt das Ziel haben, viele Flughäfen kennenzulernen und auch Ihre Urlaubszeit begrenzt ist, ist es sinnvoll, sich auf maximal **eine** Zwischenlandung zu beschränken. Die Reisezeit insgesamt sollte normalerweise 20 Stunden für einen Flug selbst an die Westküste der USA nicht überschreiten. Sie haben mit der Einreise und den Formalitäten und der Zeitumstellung schon genug zu tun - und Sie wollen doch nicht gleich am Ankunftsort eine Pause einlegen müssen, weil Sie fertig vom Reisestress sind.

PS: Hätte es bei unserer ersten Amerikareise schon dieses Buch gegeben, hätte ich sicher einen anderen Flug gebucht. Wir sind damals (übrigens gebucht in einem Reisebüro!) von Hamburg über Amsterdam nach Vancouver (mit Zwischenlandung in Calgary) und von dort nach San Francisco geflogen. Reisezeit 26 Stunden! Ein (Alp-)Traum!

1.4

Leider gibt es nicht zu allen Zielen in den USA Nonstop-Flüge. Beliebte Drehkreuze zum Umsteigen sind Chicago, New York, Detroit und Atlanta. Dies sind häufig die Heimatflughäfen der amerikanischen Fluggesellschaften.

Eine Auflistung der Möglichkeiten von Nonstop-Flügen von Deutschland in die USA finden Sie unter:
forum.usa-reise.de

1.5

Diese Abläufe sind in der Regel für deutsche Reisende mit einem gültigen Pass unkompliziert und gut geregelt, aber sie kosten Zeit(!). Und Ihr Anschlussflug wartet nicht.

1.6

Eine Umsteigezeit von 2 Stunden hat sich aus meiner Erfahrung als ausreichend erwiesen. Diese Einschränkung gilt nur für den Hinflug. Auf dem Rückflug kommt man auch mit einer kürzeren Zeitspanne für das Umsteigen aus, da alle Formalitäten der Einreise entfallen und man nur "sich selbst" von einem Gate zum nächsten transportieren muss, das Gepäck wird durchgecheckt. Häufig liegen die Gates auf dem Rückflug auch dicht beieinander, da es sich dann meist um "Zubringerflüge" handelt.

1.7

Wir haben es schon erlebt, dass wir für die Bezahlung mit einer gängigen Kreditkarte eine Gebühr von 18 € **pro mitreisender Person** zahlen sollten, dabei wird doch nur eine Buchung durchgeführt. Ich halte solche Praktiken schlicht für unseriös.

1.8

Eine Übersicht der amerikanischen Feiertage finden Sie unter: **usa.usembassy.de/feiertage.htm**

1.9

Abkürzungen für wichtige internationale Flughäfen sind:

JFK   John F. Kennedy International Airport, New York
ORD   Chicago O'Hare International Airport

SFO	San Francisco International Airport
PHL	Philadelphia International Airport
CLT	Charlotte Douglas International Airport
DTW	Detroit Metro Airport
EWR	Newark Liberty International Airport, New York
CLT	Charlotte Douglas International Airport
ATL	Hartsfield-Jackson Atlanta International Airport
LHR	London Heathrow Airport
LGW	Gatwick Airport, London
AMS	Amsterdam International Airport Schiphol
CDG	Paris-Charles-de-Gaulle

Achten Sie beim Umsteigen in London darauf, dass Sie **keinen** Wechsel des Flughafens von Heathrow nach Gatwick oder umgekehrt gebucht haben. Auch solche Angebote gibt es, aber ich glaube nicht, dass Sie zu Beginn des Urlaubs einmal mit dem Taxi quer durch London fahren möchten. Mir ist es bis heute nicht gelungen, die Kosten für diesen Transfer von Heathrow nach Gatwick festzustellen.

Achten Sie auch darauf, dass Sie möglichst am gleichen Flughafen abfliegen, an dem Sie auch angekommen sind (außer, Sie planen einen One-Way-Trip). New York z. B. verfügt über mehrere internationale Flughäfen, und so können Sie in Newark landen, aber über den John F. Kennedy Airport zurückfliegen). Ob sich das auf die Buchung eines Mietwagens innerhalb einer Stadt preislich auswirkt, kann ich nicht sagen, auf alle Fälle müssen Sie sich aber beim Abflug neu orientieren und ein wenig mehr Zeit für die Rückgabe einplanen.

Übergepäck geht richtig ins Geld, da es bei vielen Airlines pro kg berechnet wird. Schaffen Sie sich eine möglichst geeichte kleine Kofferwaage an, damit auch Ihr Rückflug mit den vielen Einkäufen und Souvenirs kein zu teurer Spaß wird.

Ich muss allerdings an dieser Stelle auch zugeben, dass wir schon häufiger für den Rückflug gleich ein zusätzliches Gepäckstück dazu buchen. Das ist normalerweise im Vorhinein günstiger. Es kann sich auch anbieten, wenn Sie mit mehreren Personen reisen, einen leeren Zusatzkoffer, verstaut in einem anderen, mitzunehmen.

Immer gilt: Nehmen Sie so wenig wie möglich mit. Sie werden sich wundern, was sie unterwegs so alles finden - und es wäre doch schade, wenn Sie diese Erinnerungsstücke nicht mehr im Koffer unterbringen.

2. Unterlagen

Wir schreiben November 1986 und wir haben uns in den Kopf gesetzt, im nächsten Jahr im Mai Urlaub in den USA zu machen. Also gehen wir in ein Reisebüro und machen uns schlau. Mit einem Haufen Prospekten versehen, verbringen wir ein ganzes Wochenende mit dem Studieren derselben. Und immer wieder springt uns ein Hinweis ins Auge - nämlich der auf ein gültiges Visum.

Wo bekommt man so ein Visum her? Nachfragen im Reisebüro bringt die Auskunft, dass ein Visum bei der Botschaft oder beim Generalkonsulat zu bekommen ist. Man muss es dort persönlich einreichen, und es kann eine Weile dauern, bis man es bekommt. Da haben wir aber Glück gehabt, dass wir mit unseren Planungen schon so früh begonnen haben. Wir müssen uns einen Tag Urlaub nehmen, um in das Generalkonsulat nach Hamburg zu fahren. Dort füllen wir einen (in meiner Erinnerung) endlosen Fragebogen aus und hinterlassen unsere Pässe zur Bearbeitung. Sechs Wochen später kommt die Nachricht, dass wir unser Visum abholen können - persönlich. Wieder ein Tag Urlaub? Nach einem Telefonat mit dem Konsulat kann ich aushandeln, dass ich alleine die Visa abholen kann. Ich brauche allerdings eine schriftliche Vollmacht von meinem Göttergatten. Nun, das lässt sich doch machen. Ich nehme ein paar Überstunden frei und fahre nach Hamburg. Im Konsulat muss ich dann ähnlich lange warten wie beim Arzt. Der zuständige Botschaftsmitarbeiter "verhört" mich noch einmal (kann er seinen eigenen Fragebogen nicht lesen?), und dann habe ich sie endlich in Händen, unsere Visa: multiple, indefinitely.

Fazit:

*Erfreulicherweise brauchen Sie als deutscher Staats-
bürger heute kein Visum mehr für Ihr Ziel. Da ist es
doch heute wesentlich einfacher, nur ein ESTA-
Formular zu Hause auszufüllen und loszufliegen.*

Unser altes Visum für die Einreise in die USA

*PS: Wir haben immer noch unseren alten Reisepass,
der inzwischen ungültig ist. Die Seite mit dem Visum
wurde aber nicht ungültig gemacht. Es ist immer noch
gültig. Weitere Antworten zu Fragen über Visa für die
USA finden Sie unter:* **usembassy.gov**

⇨ ⇨ ⇨ ⇨ ⇨ ⇨ ⇨ ⇨ ⇨ ⇨ ⇨ ⇨ ⇨ ⇨ ⇨

Welche Unterlagen brauchen Sie nun für eine Reise in die USA?

Zuerst einmal brauchen Sie einen **gültigen Reisepass** mit biometrischem Passbild, der mindestens für die Dauer des Aufenthalts gültig sein muss. Damit beträgt die Höchstaufenthaltsdauer 90 Tage (**2.1**).

Für deutsche Staatsangehörige gilt außerdem, dass Sie bei Einreise mit einer regulären Fluglinie oder Schifffahrtsgesellschaft (**2.2**) ein Rück- oder Weiterflugticket vorweisen können und im Besitz einer **elektronischen Einreiseerlaubnis** (*„Electronic System for Travel Authorization"* - kurz ESTA) sind.

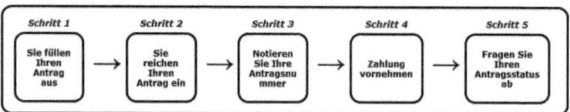

Willkommen auf der Website des elektronischen Reisegenehmigungssystems

Internationale Reisende, die im Rahmen des Programms für visumfreies Reisen (Visa Waiver Program) in die USA einreisen möchten, werden jetzt strengeren Sicherheitsbestimmungen unterworfen und müssen eine Antragsgebühr entrichten. Alle berechtigten Reisenden, die gemäß des Programms für visumfreies Reisen in die USA einreisen möchten, müssen einen Antrag auf Erteilung einer Reisegenehmigung stellen und die Gebühr nach folgendem Ablauf zahlen:

Schritt 1	Schritt 2	Schritt 3	Schritt 4	Schritt 5
Sie füllen Ihren Antrag aus	Sie reichen Ihren Antrag ein	Notieren Sie Ihre Antragsnummer	Zahlung vornehmen	Fragen Sie Ihren Antragsstatus ab

Nutzen Sie bei Fragen bitte den Link Hilfe, den Sie ganz oben auf jeder einzelnen Webseite finden.

Bevor die den Antragsprozess starten, stellen Sie sicher, dass Sie über einen gültigen Reisepass sowie über eine gültige Kreditkarte verfügen. Das System nimmt nur folgende Kreditkarten an: MasterCard, VISA, American Express und Discover (JCB, Diners Club).

Screenshot ESTA-Startseite

ESTA füllen Sie ein bis zwei Wochen (spätestens jedoch 3 Tage) vor dem Reisetermin am heimischen Computer aus. Das ist relativ einfach. Der folgende Link führt Sie direkt auf die entsprechende Seite: **https://esta.cbp.dhs.gov**

Bitte benutzen Sie ausschließlich diese Seite. Lassen Sie sich nicht auf eventuelle Agenturen ein, die Ihnen bei der Ausfüllung von ESTA helfen wollen - und dafür Geld kassieren.

Oben rechts auf der Seite können Sie als Sprache Deutsch auswählen. Sie werden dann direkt durch den Prozess geführt.

Sie müssen einige Fragen wahrheitsgemäß beantworten und sollten Ihre Flugnummer und Ihre erste Adresse in den USA parat haben (**2.3**). Der ESTA-Antrag kostet zurzeit 14 US $ pro Person (**2.4**) und ist 2 Jahre gültig. Während dieser Zeit kann er kostenfrei aktualisiert werden.

Haben Sie also Ihren gültigen Pass und Ihren ESTA-Antrag, können Sie unbesorgt in die USA einreisen.

Manchmal trifft man auch noch auf die Hinweise, dass eine Secure Flight Number und ein APIS- (Advance Passenger Information System) Formular erforderlich sind. Normalerweise erhebt Ihre Airline diese Daten und übermittelt sie an die TSA (Transportation Security Administration). Sollte dies einmal nicht der Fall sein, erhalten Sie diese Formulare an Bord und können sie dort ausfüllen. Hintergrund des Ganzen ist, dass im Rahmen des "Secure Flight Program" Airlines im Flugverkehr mit den USA ab dem 1. November 2011 verpflichtet sind, bei jeder Buchung personenbezogene Daten ihrer Passagiere einzuholen und an die TSA weiterzugeben. Die TSA gleicht die Daten mit ihren aktuellen Fahndungslisten ab.

Diese Meldepflicht besteht für Flugreisen in die, aus den, innerhalb der und über die USA. Also müssen folglich alle Flugreisenden, die in die, aus den, innerhalb der sowie durch den Luftraum der USA reisen oder in den USA umsteigen beziehungsweise zwischenlanden, diese Daten eingeben (ich liebe diese Formulierung: "in die, aus den, innerhalb der und durch"!) (**2.5**).

Unter folgendem Link können Sie ein Beispiel für eine solche zusätzliche Datenerhebung einsehen:
www.lufthansa.com/de/de/Datenerfassung-fuer-die-USA

Insgesamt ist das Ausfüllen aller Formulare recht einfach, es nimmt nur ein wenig Zeit in Anspruch.

Tipp: Bitte lassen Sie, wenn möglich, eine zweite Person noch einmal über die Angaben schauen. Die amerikanischen Behörden sind äußerst kleinlich bei Schreibfehlern, weil sie dann nicht sicher sind, ob sie die richtige Person vor sich haben. Und beim Ausfüllen von Formularen wird man leicht "betriebsblind". Auch hier spreche ich aus Erfahrung!

Neben diesen Unterlagen für die USA-Behörden sollten Sie eine **Auslandskrankenversicherung** abschließen (dies ist nur notwendig, wenn Ihre KV keine Weltgeltung hat. Bei der Versicherung erkundigen!). Sparen Sie hier nicht am Umfang dieser Versicherung. Für ein paar Euro mehr bekommen Sie ein "Rundum Sorglos Paket", u. a. auch mit Rückflug im Krankheitsfall und ohne Ausschluss von Leistungen bei irgendwelchen Vorerkrankungen (und auch ohne Altersbeschränkung, für die Senioren unter uns).

Ferner sollten Sie eine **Reiserücktrittskostenversicherung** abschließen. Dies kann schon über Ihre Kreditkarte abgedeckt sein (lesen Sie die Bedingungen oder fragen Sie bei der Bank nach, von der Sie die Kreditkarte haben).

Und da wären wir schon beim wichtigsten Thema, dem lieben **Geld**.

Auf keinen Fall sollten Sie Ihre gesamte Urlaubskasse als Bargeld (<u>2.7</u>) mitnehmen (doch - das gibt es wirklich!). Sie können in den USA fast alles mit **Kreditkarte** bezahlen, selbst im Taxi oder im Lebensmittelgeschäft.

Notieren Sie sich dazu auch gleich die internationale Telefonnummer für die Kartensperre (aber den Zettel bitte nicht ins Portemonnaie legen - auch das gibt es!). Sollten Sie in den USA mit Ihrer Kreditkarte Geld abheben wollen, brauchen Sie dazu außerdem die PIN Ihrer Kreditkarte (<u>2.8</u>).

Weiterhin sinnvoll können Traveller Cheques sein. Diese besorgt man sich vorher bei seiner Bank (planen Sie dafür ein paar Tage ein).

Traveller Cheques sind im Falle eines Diebstahls versichert und werden umgehend ersetzt (<u>2.9</u>).

Außerdem kann man beim Kauf von Traveller Cheques auch günstige Wechselkurse nutzen, wenn man die Reise länger im Voraus geplant hat. Die Traveller Cheques werden in den USA wie Bargeld behandelt. Achten Sie aber darauf, als höchsten Wert 50-Dollar-Schecks zu bestellen. Manchmal wird in kleineren, touristisch nicht so erschlossenen Orten zwar die Foto-ID verlangt oder die Dame an der Kasse holt ihren Vorgesetzten, weil sie sich mit Traveller Cheques nicht auskennt, aber die Annahme ist uns noch nie verweigert worden (<u>2.10</u>).

Ihre Kreditkarte werden Sie schon das erste Mal bei der Vermietstation für Ihren Mietwagen brauchen, wenn Sie eine Kaution hinterlegen müssen. Achten Sie dabei auch auf den Kreditrahmen. Möglicherweise kann es sinnvoll sein, wenn Sie diesen bei Ihrer Bank erweitern (<u>2.11</u>).

Vielleicht denken Sie auch über eine zusätzliche Kreditkarte für die USA nach. Aus meiner Sicht hat sich da die Anschaffung einer Kreditkarte bewährt, die **keinen** direkten Zugriff auf Ihr Konto bietet. Die Bank stellt eine Rechnung, die von Ihnen nach dem Urlaub beglichen werden kann (**2.12**).

So, nun noch ein letzter Rat. Drucken Sie sich alle Unterlagen und Voucher (= Reisegutscheine, z. B. für Mietwagen und Flug) aus und nehmen Sie einen Satz Kopien mit. Außerdem kann es hilfreich sein, wenn Sie alle Unterlagen in Kopie zu Hause bei einer vertrauenswürdigen, möglichst der englischen Sprache mächtigen Person hinterlegen (kann auch elektronisch erfolgen, z. B. auf einem USB-Stick).

Und noch ein kleiner, hoffentlich überflüssiger, **Tipp**: Nehmen Sie ein neues Passbild mit. Wenn Ihnen Ihre Unterlagen abhanden kommen, haben Sie genug mit Behörden zu tun, da haben Sie keine Lust, noch einen Fotografen zu suchen, der Ihnen auf die Schnelle ein biometrisches Passbild anfertigt.

2.1

Genaue Angaben erhalten Sie unter:
www.auswaertiges-amt.de

2.2

Wir haben übrigens nicht schlecht gestaunt, als wir bei der Einreise mit dem PKW von Kanada aus noch einmal die Gebühr entrichten mussten. Wir hatten kein Schiff genommen ☹.

Port of Entry bei Bellingham, Washington

2.3

Sollten Sie noch kein Hotel gebucht haben, so geben Sie die Adresse der Vermietstation ein, bei der Sie Ihr Auto gebucht haben.
Sollten Sie eine Rundreise mit dem Wohnmobil planen, können Sie anstelle der Hotelanschrift für die erste Übernachtung auch die Anschrift des Vermieters angeben.

2.4

Weitere Angaben zu ESTA und Informationen über mögliche Sonderfälle finden Sie unter:
www.esta-online.org/
Eine Aktualisierung bei einer erneuten Einreise ist ganz einfach. Sie brauchen dazu nur die Antragsnummer auf der Hauptseite einzutragen und schon können Sie die neuen Daten eingeben. Die Aktualisierung erfolgt sofort.

2.5

Irgendwie ist diese Secure Flight Vorkehrung **immer** an uns vorbeigegangen. Ich habe den Hinweis nur aufgenommen, weil er immer in der einschlägigen Literatur auftaucht.

2.7

Einen Hinweis, den Sie sicher nicht brauchen werden, kann ich mir an dieser Stelle nicht verkneifen. Achten Sie beim Umgang mit amerikanischen Geldscheinen auf die **aufgedruckten Werte**. Alle Scheine haben die gleiche Farbe und Größe! Da kann es schneller als man denkt passieren, dass man mit dem falschen Geldschein bezahlt oder sich beim Wechseln oder Herausgeben irrt. Das ist uns auch schon passiert - und wir sind auch schon Amerikaner begegnet, denen dieser Fehler unterlaufen ist, etwa an der Kasse im Supermarkt. Also Vorsicht!

2.8

Wenn Sie jetzt den Kopf geschüttelt haben, weil Sie denken, dass ich da Selbstverständlichkeiten auflliste, lassen Sie sich gesagt sein, dass ich selber schon die Erfahrung gemacht habe, vor einem Bankautomaten in Denver zu stehen und mit meiner besseren Hälfte zu diskutieren, wie denn nun die PIN der Kreditkarte lautet. "Hast Du die nicht im Kopf?" - "Nein!" - "Hast Du sie denn wenigstens aufgeschrieben?" - "Nein!".
Die PIN meiner EC-Karte habe ich natürlich im Kopf, aber wann braucht man schon einmal in Deutschland die PIN für die Kreditkarte?

2.9

Auch die internationale Telefonnummer für die Meldung bei Verlust der Cheques bitte separat aufbewahren. Der Ersatz geht relativ schnell (meist innerhalb von 24 Stunden). Entsprechende Stellen befinden sich häufig bei Postämtern oder Bahnhöfen. Das haben wir schon selber ausprobieren müssen - allerdings nicht im Urlaub, sondern nach einem Wohnungseinbruch.

2.10

Einmal ist es allerdings schon recht skurril geworden. In Seligman an der Route 66 musste ich im Grocery Store beim Einkauf mit einem Traveller Cheque einen Fingerabdruck hinterlassen. Wir haben hinterher erfahren, dass in jenem Jahr viele gefälschte Schecks aufgetaucht sind und die Ladenbesitzer auf den Kosten sitzengeblieben sind. Dies war allerdings die absolute Ausnahme.

2.11

Ich spreche auch hier aus Erfahrung. Es ist uns am Anfang schon einmal passiert, dass wir mit der Kreditkarte nicht mehr bezahlen konnten. Da laufen, gerade am Anfang, doch einige Kosten auf. Kaution in der Vermietstation, erster Einkauf, möglicherweise erstes Hotel - und schon ist der Kreditrahmen möglicherweise am Limit. Da hilft dann nur noch die Kreditkarte der "vermögenden" Ehefrau.

PS: Barzahlungen sind den Amerikanern übrigens eher suspekt. Wenn Sie nicht mit einer Kreditkarte zahlen wollen, gelten Sie schnell als nicht kreditwürdig! Und die zu hinterlegende Kaution kann dann aus "Sicherheitsgründen" in ziemliche Höhen steigen.

2.12

Solche Kreditkarten gibt es u. a. bei
www.gebuhrenfrei.com

Vorteil ist dabei, dass keine Abbuchungen von Ihrem Konto durchgeführt werden können, wenn Ihnen die Kreditkarte im Urlaub abhanden kommt. Die fällige Rechnung der Bank können Sie nach Erhalt erst einmal in aller Ruhe prüfen und den fälligen Betrag dann überweisen. Sollten sich dabei Differenzen ergeben, können Sie diese bei der Bank reklamieren.
Die Advanzia Bank mit der Kreditkarte "gebührenfrei" erhebt darüber hinaus **keine** Gebühren (wie schon der Name sagt!) auf Auslandseinsätze. Es wird nur der konkrete Tagesumtauschkurs berechnet. Sie können mit der Karte sogar kostenfrei Geld in den USA abheben. Dabei sollten Sie aber auf die Gebühren der lokalen Geldinstitute achten, darauf hat die Advanzia Bank keinen Einfluss. Allerdings wird für das Geld vom Tag der Abhebung an ein kleiner Zinssatz erhoben.
Ich habe übrigens keinen Werbevertrag mit der Bank, sondern gebe hier nur meine guten Erfahrungen wieder ☺.

3. Der Mietwagen

*Eigentlich wollen wir in diesem Urlaub mit einem Wohnmobil fahren. Aber als wir den Flug schon gebucht haben, kommt die Mitteilung, dass das Wohnmobil nicht zur Verfügung steht. So müssen wir umdenken, einen Mietwagen nehmen und auf dem Hinflug in Chicago übernachten. Wir hatten uns die Sache mit der Übernachtung in Chicago so schön gedacht, denn bei einer Anmietung eines Wohnmobils muss man ja die erste Nacht vor der Übernahme schon in den USA verbringen (siehe auch **5. Wohnmobile**).*

Wir wollten also zwei Fliegen mit einer Klappe schlagen, denn der Flug mit der Übernachtung war natürlich wegen der langen Reisezeit unschlagbar günstig (ansonsten hätten wir diese Alternative nie gewählt). Und dann ist uns die "Fliege" Wohnmobil abgehauen. Und der Flug ist natürlich nicht mehr in einem preislich vertretbaren Rahmen umzubuchen.

*Wir machen das Beste aus der Situation, nehmen uns einen Mietwagen für den Urlaub und genießen den Abend in Chicago mit einem schönen Essen. Erst am nächsten Morgen geht es dann weiter nach Denver. So sind wir **sehr** ausgeschlafen, als wir bei Alamo ankommen. Und dort fangen die Probleme an. Zuerst einmal wollen wir keine Zusatzversicherung abschließen. Der Mitarbeiter ist ziemlich hartnäckig, aber wir sind resistent gegen seine Angebote. Wir haben in Deutschland alles abgeschlossen, was notwendig ist (wir haben leider schon häufig erlebt, dass Touristen, weil übermüdet und zu keinem klaren Gedanken als den an ein Bett fähig, sich schnell überreden lassen, völlig unnötige Zusatzversicherungen abzuschließen, siehe **3.5**).*

Das gemietete Auto erweist sich aber als sehr klein (wo sollen wir da unsere Koffer lassen?) und Claus entscheidet sich für ein Upgrade. Wir bezahlen für dieses Upgrade um eine Stufe 11 $ pro Tag (bei der Buchung dieser Klasse in Deutschland hätte uns der Wagen 20 € pro Tag mehr gekostet), und sollen zusätzlich als Sonderleistung einen Wagen zwei Kategorien höher bekommen. Was wir dann aber vorgeschlagen bekommen, gleicht doch schon eher einem Kleinbus. Der Chevrolet Tahoe und der Dodge Durango sind jeweils 7-Sitzer, der Toyota hat sogar 8 Sitze (sollen wir uns klonen?). Leider kann man die Sitze weder herausnehmen noch platzsparend umklappen. So hätten wir also ein riesiges Auto, könnten jeden Anhalter der Galaxie mitnehmen, aber unsere Koffer immer noch nicht vernünftig verstauen. Außerdem haben alle Wagen ihre besten Zeiten schon hinter sich. Es folgen längere Diskussionen mit dem Mitarbeiter an der Wagenausgabe (es gibt hier keine Choiceline (3.8), der gar nicht verstehen will, dass wir keinen Bus und auch keinen Wagen mit abgefahrenen Reifen haben wollen. Schließlich schaltet sich endlich der General Manager ein und umgehend erscheint, frisch aus der Waschanlage, ein erstklassiges Fahrzeug. Der nun angebotene GMC Acadia ist mit Abstand die nobelste Karosse, die wir je hatten, Lederlenkrad, belüftete Sitze, Notfallknopf, Rückfahrkamera und, und, und.

O.K., den nehmen wir.

***Fazit**:*

Nie ein Auto nehmen, was einem nicht gefällt - es gibt immer noch ein Besseres im Angebot.

Keine Zusatzversicherung abschließen, auch wenn der Mitarbeiter noch so überzeugend klingen mag. Wenn Sie Ihr Auto in Deutschland gebucht haben, sind Sie in der Regel ausreichend abgesichert.

⇨⇨⇨⇨⇨⇨⇨⇨⇨⇨⇨⇨⇨⇨

Um es vorweg zu sagen, das Wichtigste haben Sie geschafft.

Sie sind erfolgreich in die USA eingereist. Der Immigration Officer hat Ihnen nicht den Kopf abgerissen, Ihre Koffer sind erfolgreich mit Ihnen geflogen und nun stehen Sie im Flughafen. Sie werden dann sehr schnell feststellen, dass Amerika kein Land für Fußgänger ist, und auch die öffentlichen Verkehrsmittel sind nicht immer ausreichend (**3.1**). Sie brauchen also einen fahrbaren Untersatz, sprich: einen Mietwagen oder ein Wohnmobil (**siehe Kapitel 5**).

Wer jetzt einen Wohnmobilurlaub plant, kann die folgenden Zeilen getrost überspringen. Alle anderen folgen mir bitte mit ihrem Gutschein (Voucher) zur Vermietstation.

Autovermietstation von Alamo in Las Vegas

Meist ist die Auto-Vermietstation nicht im Flughafengebäude. Mit seinen Koffern ausgerüstet, sucht man daher nach der Ankunft den kostenlosen Rental Car Shuttle Bus, der einen zur Auto-Vermietstation bringt.

Betrieb früher jede Vermietstation einen eigenen Shuttle Service, so hat es sich in den letzten Jahren entwickelt, dass häufig ein gemeinsamer Bus alle Autovermieter ansteuert. Man muss dann nur an der richtigen Stelle aussteigen. Immer häufiger sind auch alle Vermieter in einem Gebäude abseits des Flughafens untergebracht (z. B. in Las Vegas und in Phoenix).

Wenn Sie an der Vermietstation Ihres Anbieters ankommen, händigen Sie dem Mitarbeiter Ihren Voucher aus. Dies setzt allerdings voraus, dass Sie schon in Deutschland einen Mietwagen gebucht haben und im Besitz eines Vouchers dafür sind. Wieder einmal haben Sie vor dem Urlaub schon die Qual der Wahl. Sie können einen Mietwagen direkt beim Anbieter buchen (**3.2**) oder Sie benutzen eine Suchmaschine (**3.3**).

Suchmaschinen bieten eine bessere Übersicht. Hier werden gleich mehrere Vermieter verglichen und Sie bekommen häufig sofort die Information, bei welchem deutschen Anbieter Sie buchen (z. B. driveFTI, Auto Europe, HolidayAutos) und welcher amerikanische Vermieter dahintersteht (z. B. Alamo, National, Dollar).

Mein dringender Rat: buchen Sie den Mietwagen **vorab in Deutschland**.

Zunächst einmal das naheliegendste Argument für eine **Vorabbuchung**: Nach einem langen Flug möchten Sie keine Vermieter vor Ort vergleichen. Zumal sich die Mietbedingungen in den USA bei kleineren Anbietern stark unterscheiden und auch eingeschränkte Leistungen ausweisen können.

Nur wenn Sie den Mietwagen im Voraus gebucht haben, können Sie zudem in den Genuss von Frühbucherrabatten kommen, die zum Teil bis zu 20 % betragen können.

Außerdem haben Sie einen genauen Überblick, welche Versicherungen Sie abgeschlossen haben, welche notwendig sind und zu welchen Bedingungen Sie den Vertrag abgeschlossen haben (**3.4**). Und dies alles können Sie schon in Deutschland in Ruhe nachlesen und bei Fragen den Anbieter telefonisch und meist kostenfrei kontaktieren.

Empfehlenswert ist eine **Versicherung** ohne Selbstbeteiligung (**3.5**), die Unterboden, Glas- und Reifenschäden einschließt. Die Haftpflichtsumme sollte keinesfalls unter 1 Mio. $ liegen!
Sollten Sie, was ich nicht hoffe, einen Unfall haben, der in einer Verhandlung vor Gericht mündet, so ist der Gerichtsstand in diesem Fall Deutschland. Ich nehme nicht an, dass Sie für eine Gerichtsverhandlung noch einmal nach Amerika fliegen wollen!
Sollten Sie sich dennoch für eine **Buchung vor Ort** entscheiden, bedenken Sie bitte, dass Ihnen der Verkäufer zuerst einmal nur die Summe nennen wird, die er direkt bekommt. Diese ist nicht identisch mit der Endsumme, die Sie zu zahlen haben! (**3.6**)

Man kann dabei leicht den Eindruck bekommen, dass dem Einfallsreichtum keine Grenzen gesetzt sind. Neben der Sales Tax (Steuer) kommen noch lokale Steuern hinzu, oder Sie machen Bekanntschaft mit der ACFR (Airport Concession Fee Recovery). Das ist nichts anderes als die Umlage der Miete, die der Vermieter für seinen Standort am Flughafen zu zahlen hat. Ebenso wird er die Kosten für die Zulassung, die Wartung des Mietwagens und seine Verwaltungskosten aufschlagen.
Und in Kalifornien gibt es dann auch noch die Tourismus-Abgabe!
Also **VORSICHT** bei Schnäppchen! Rechnen Sie erst einmal nach!

Welche Wagenklasse Sie buchen (Kompaktklasse, Familienklasse, Luxusklasse, SUV (Sports Utility Vehicle) oder Convertible (Cabrio)), überlasse ich Ihrem Geschmack und Ihrem Geldbeutel. Sie sollten den Wagen nicht zu klein wählen, denn Sie transportieren Ihr gesamtes Gepäck (**3.7**) für die gesamte Dauer des Urlaubs.

Vielleicht ist Ihnen als aufmerksamer Leser schon aufgefallen, dass bisher immer nur von Wagenklassen die Rede war. Dies liegt daran, dass Sie auch immer nur eine Wagen**klasse**, nicht ein bestimmtes Modell buchen. Sollten Sie sich für einen Wagen der Kompaktklasse entschieden haben, so finden Sie zwar Beispiele wie z. B. Ford Focus, Chrysler 200A, Nissan Versa oder Chevrolet Impala. Die Tücke liegt hier in der kleinen Abkürzung hinter diesen Angaben, die da lautet: "o. ä.".

Und glauben Sie jetzt bitte nicht, dass Sie von den angegebenen Modellen, die als Beispiele aufgeführt sind, auf die Größe des Wagens schließen können. So ist z. B. der Jeep Grand Cherokee bei unterschiedlichen Anbietern in unterschiedlichen Wagenklassen zu finden, einmal ist er in der Klasse Standard SUV, bei einem anderen Anbieter in der Klasse Fullsize SUV zu finden. Und natürlich kostet er auch unterschiedlich.

Entscheiden Sie am besten, welche **Wagenklasse** Ihr Geldbeutel buchen möchte. Vor Ort kann es Ihnen sowieso passieren, dass der "o. ä. Wagentyp" gar nicht vorhanden ist.

Hinweis:

Wer einen SUV mit 4WD (Allradantrieb) haben möchte, sollte darauf achten, dass der SUV auch 4WD hat (!). Die Vermieter gehen aus Kostengründen immer mehr dazu über, 2WD SUVs in ihre Flotten aufzunehmen. Es kann unangenehm werden, wenn Sie das erst im tiefen Sand feststellen und Ihr Auto dann ausgraben müssen. Eine **Schaufel** gehört für uns nach einschlägigen Erfahrungen übrigens auch zu den Ausrüstungsgegenständen, die wir beim Ersteinkauf erstehen.

Haben Sie am Schalter die Formalitäten erledigt, werden Sie nämlich in den meisten Fällen nach draußen (oder in die Garage) geschickt und dort von einem freundlichen Mitarbeiter zu einer Choiceline (**3.8**) geführt. Dort können Sie sich dann einen Wagen der entsprechenden Kategorie aussuchen (wieder einmal die Qual der Wahl). Die in den Angeboten aufgelisteten Fahrzeugtypen dienen nur der Orientierung und sind meist die am häufigsten anzutreffenden Fahrzeugmodelle (**3.9**).
Sollten Sie wider Erwarten kein Fahrzeug finden, welches Ihnen zusagt, können Sie auch jederzeit zurück an den Schalter gehen, dem Angestellten Ihr Problem erläutern und um Abhilfe bitten. Sie können natürlich auch ein Upgrade buchen.
Tipp: Die Preise für die Upgrades sind Verhandlungssache. Verhandeln Sie also - die Preise können rapide sinken.
Und rechnen Sie (vgl. **3.4**)!
Noch ein **Tipp**:
Prägen Sie sich Typ, Farbe und Nummernschild Ihres Mietwagens gut ein, ebenso die Stelle, an der Sie ihn abgestellt haben. Amerikanische Parkplätze sind meist riesig - und Sie wollen Ihren Urlaub sicher nicht damit verbringen, Ihren Wagen auf einem Parkplatz zu suchen. In Las Vegas z. B. befinden sich auf vielen Parkdecks kleine Kästchen mit Merkzetteln für das Parkdeck - nehmen Sie ruhig einen mit. Wir wissen aus Erfahrung, dass dies hilfreich ist.

Unsere Koffer haben sich ein Auto aus der Choiceline ausgesucht.

An einigen meist kleineren Vermietstationen kann es Ihnen auch passieren, dass Sie nach Abschluss der Formalitäten einen Wagen vor der Vermietstation vorgefahren bekommen. Dieses Fahrzeug müssen Sie aber nicht zwangsweise nehmen, wenn es Ihnen überhaupt nicht gefällt. Sprechen Sie dann mit dem zuweisenden Fahrer und erläutern Sie freundlich (!), aber bestimmt Ihre Wünsche bezüglich des Autos.

Und noch ein wichtiger **Hinweis**:

Lassen Sie sich **Zeit bei der Übernahme** des Mietwagens. Sehen Sie sich das Auto genau an, dokumentieren Sie **größere** Schäden und Kratzer (Foto machen) und sprechen Sie bei der Ausfahrt gegebenenfalls den dort stehenden Mitarbeiter darauf an. Es sei allerdings an dieser Stelle auch ausdrücklich darauf hingewiesen, dass die Vermieter in der Regel recht großzügig bei der Rückgabe sind, meist geht der ganze Vorgang sehr schnell "über die Bühne", ohne dass der Wagen einer genauen Inspektion unterzogen wird. Wir Deutschen nehmen das viel genauer und sind daher wohl etwas ängstlicher, was Kratzer und Dellen anbelangt (**3.10**).

Achten sollten Sie aber auf den **Zustand der Reifen** und des Ersatzrades, ob es vorhanden ist und in einem einwandfreien Zustand und ob die Zulassung noch/schon gültig. Am besten wählt man das Fahrzeug mit dem niedrigsten Meilenstand.

Wenn Sie während des Urlaubs den Wagen aufgrund von auftretenden Mängeln tauschen müssen, geht das zwar problemlos, kostet aber Urlaubszeit.

Die Mietwagen sind in der Regel mit Automatik und Klimaanlage ausgestattet. Die Zusatzbuchung eines Navis kann ich dagegen nicht empfehlen. Es ist billiger (**3.12**), sich für Ihr Navi von zu Hause (sollten Sie eines haben) eine Amerikakarte herunterzuladen und dann dieses Navi mitzunehmen. Wenn Ihr Navi fest in Ihrem Wagen eingebaut ist, können Sie sich angesichts der Höhe des Mietpreises auch überlegen, ein Gerät zu kaufen. Vielleicht bleibt es ja nicht bei diesem einen Amerikaurlaub (schlimmstenfalls können Sie es auch nach dem Urlaub wieder verkaufen).

Tipp: Wenn Ihr Navi mit Ihnen in die USA geflogen ist und Sie es dort erstmals einschalten, dauert es manchmal etwas, bis es sich auf dem neuen Kontinent mit den neuen Satelliten orientiert hat und Ihre neue Position lokalisiert. Wir haben schon einmal eine halbe Stunde darauf gewartet. Machen Sie das Navi also gleich am Flughafen an. Während der Fahrt zum Rental Car Center kann es dann schon einmal Ihre Position suchen. Das klappt dort auch besser als in der Tiefgarage, in der Sie Ihren Mietwagen möglicherweise abholen.

Die Mietbedingungen unterscheiden sich von Anbieter zu Anbieter. Das Mindestalter für Fahrer liegt zwischen 18 und 21 Jahren, bis zu einem Alter von 25 Jahren kann ein (nicht geringer) Zuschlag anfallen, die sogenannte Jungfahrergebühr.
Auch der Zusatzfahrer kostet extra.
Der Führerschein muss schon mindestens ein Jahr alt sein, ein internationaler Führerschein ist aus meiner Erfahrung nicht notwendig, vorausgesetzt Sie haben schon einen Führerschein im Kreditkartenformat (**3.11**).

Noch ein Wort zum Thema **Einwegmieten bei Mietwagen**. Vielleicht wollen Sie ja Ihre Reise nicht als Rundreise gestalten, sondern von einem Ort zu einem anderen fahren, also z. B. von New York nach Miami oder von San Francisco nach Denver. Die Kosten dieser Einwegmieten sind von Anbieter zu Anbieter unterschiedlich, manche berechnen die Kosten für die zurückgelegten Meilen, andere haben nur eine Pauschale.
Die Kosten für gefahrene Meilen können sich in folgendem Rahmen bewegen:

- 0 - 200 Meilen = 99 - 250 $
- 201 - 500 Meilen = 150 - 250 $
- 501 - 1.000 Meilen = 250 - 300 $
- 1.001 und mehr Meilen = 250 - 500 $

Üblicherweise sind bei allen Anbietern die One Way-Mieten innerhalb Kaliforniens, Floridas und auf Hawaii beziehungsweise zwischen Kalifornien und Nevada und umgekehrt kostenlos.

Der Vermieter **Alamo** bietet aber auch kostenlose Einwegmieten zwischen einigen anderen Großstädten an. Informationen darüber und Hinweise zur Buchung erhalten Sie unter:

www.jetlags.de/reisetipps/usa-kostenlose-einwegmiete-bei-alamo-in-vielen-grossstaedten/

Auf jeden Fall sollten Sie sich vor der Buchung genau telefonisch erkundigen. Unter **www.billiger-mietwagen.de** finden Sie eine kostenlose Hotline, die Ihnen alle notwendigen Informationen gibt. Der Kunden-Service ist ausgezeichnet.

Sie merken es schon, ich kann Ihnen auch gleich die Gretchenfrage beantworten: wir buchen immer über **www.billiger-mietwagen.de** und bevorzugen dort die angebotenen Wagen von Alamo oder National. Damit haben wir die besten Erfahrungen gemacht.

3.1

Aus meiner Sicht gibt es überhaupt nur zwei Städte in den USA, in denen man nicht zwangsläufig auf ein Auto angewiesen ist, und dies sind San Francisco (mit Einschränkungen, wenn Sie das Umland erkunden wollen, z. B. Sausalito) und (absolut) New York. Speziell in New York ist jede Taxifahrt billiger als der Parkplatz in der Hoch- oder Tiefgarage.

3.2

Mietwagen für die USA können Sie u. a. bei folgenden Anbietern buchen:

www.adac.de
www.alamo.de
www.national.de
www.sunnycars.de/
www.hertz.de
www.sixt.de
www.dollar.de
www.enterprise.de
www.avis.de
www.budget.de

3.3

Die bekanntesten Suchmaschinen sind:

www.billiger-mietwagen.de
www.autoeurope.de
www.holidayautos.de
www.happycar.de
www.cardelmar.de

3.4

Bei einigen Vermietern in den USA hat es sich einge-
bürgert, Touristen noch **zusätzliche Versicherungen**
oder **Upgrades** bei der Wagenübernahme "anzubie-
ten" (oder sollte ich sagen: aufzuschwatzen). Diese
sind meist unnötig, gaukeln aber ein Gefühl von zu-
sätzlicher Sicherheit vor. Und nach einem langen Flug
ist man meistens zu müde, um alle Argumente genau
abzuwägen. Einige deutsche Anbieter sind deshalb
dazu übergegangen, ihren Kunden ein Schreiben in
englischer Sprache mitzugeben, in dem ausdrücklich
darauf hingewiesen wird, dass der Kunde ausreichend
versichert ist (siehe unten).
Wir sind auch schon einmal in diese Falle getappt und
haben uns ein Upgrade vor Ort verkaufen lassen. Bei
der Wagenübernahme mussten wir dann feststellen,
dass es in der neuen, höheren Kategorie gar kein
verfügbares Auto gab. Aber wir hatten Glück und
konnten diese Zusatzbuchung direkt rückgängig machen. Das hat uns allerdings eine ganze Stunde und
viel Überredungskunst gekostet!

billiger-mietwagen.de
Deutschlands größter Mietwagen-Preisvergleich

Infos zur Versicherung von Claus Berneker
Information about insurance for Claus Berneker

To Alamo: Please skip to "Information for Alamo"

Info für Mieter Claus Berneker

Es kann sein, dass Ihr Vermieter Alamo Ihnen bei der Abholung Versicherungen für den Mietwagen anbietet. Der Grund: Er weiß nicht, dass Sie diese Versicherungen evtl. bereits über Ihren Anbieter Holidayautos abgeschlossen haben. Bitte prüfen Sie daher genau, welche Versicherungen Sie überhaupt noch benötigen. Um Ihnen die Kommunikation mit dem Vermieter zu erleichtern, haben wir weiter unten folgenden Inhalt (in englischer Sprache) übersetzt. Zu seiner Information können Sie ihm dieses Dokument geben.

Sehr geehrter Vermieter Alamo,
folgende Leistungen sind über meinen Anbieter Holidayautos bereits abgedeckt:

- Vollkasko ohne Selbstbeteiligung (Kunde zahlt im Schadensfall oder bei Diebstahl die Selbstbeteiligung zunächst an Vermieter Alamo, bekommt diese jedoch nach Rückkehr von Anbieter "Holidayautos" gemäß dessen AGB erstattet.)

- Schutz für Schäden an Glas und Reifen

- Haftpflichtsumme in Höhe von 2.000.000 Euro (2.000.000 USD)

Vielen Dank.

Information for Alamo

Dear Alamo,
I have already bought the following insurance through my supplier Holidayautos:

- Collision Damage Waiver (CDW) and Theft Protection (TP), each without excess (in case of an accident or theft, the customer initially pays the excess to Alamo, but gets refunded on return by supplier "Holidayautos" in accordance with their standard terms and conditions.)

- Protection against damage to glass and tyres

- Third party liability covering up to Euro 2.000.000 (2.000.000 USD)

Thank you.

Schreiben des deutschen Anbieters für den amerikanischen Vermieter

49

Ein Upgrade kann aber manchmal auch sinnvoll sein, z. B. wenn Sie feststellen, dass Ihnen die gebuchte Kategorie nicht gefällt oder zu klein ist. Rechnen Sie sich vorher zu Hause mal in aller Ruhe aus, was Sie ein Upgrade kosten würde/darf. Es gibt immer mal wieder günstige Angebote vor Ort und Sie bekommen ein viel größeres Auto zu einem günstigen Preis. Die Versicherungen gelten übrigens auch für das Upgrade.

3.5

Was viele nicht wissen, ist, dass es in den USA Autofahrer gibt, deren Fahrzeuge nicht oder nur unzureichend versichert sind. Sollten Sie einen Zusammenstoß mit einem solchen Wagen haben, können Sie auch unverschuldet auf den Kosten für den Schaden an Ihrem Mietwagen sitzenbleiben.

3.6

Buchen Sie in Deutschland, Österreich oder der Schweiz, ist der Anbieter per Gesetz verpflichtet, die Endsumme auszuweisen.

3.7

Bei einigen amerikanischen Wagenklassen ist das Kofferraumvolumen ziemlich gering. Da kann das Verstauen des Gepäcks zu einer logistischen Meisterleistung werden, die Sie bei einer Rundreise sicher nicht jeden Tag vollbringen wollen.

Empfehlen kann ich Ihnen die Buchung eines SUVs. Selbst wenn Sie in Deutschland solch einen Wagen nie fahren würden, in den USA ist diese Wagenklasse praktisch. Sie sitzen beim Fahren leicht erhöht und sehr bequem, haben einen besseren Ausblick auf die Landschaft und die Unterbringung des Gepäcks in einem großen Kofferraum ist leichter.

Nicht zu vergessen die vielen Dirt Roads, die Sie ja aber eigentlich gar nicht befahren dürfen ☺.

3.8

Eine "Choiceline" ist eine Abteilung / eine Reihe auf dem Parkplatz einer Vermietstation. Wenn Sie einen Voucher für eine bestimmte Kategorie von Mietwagen vorgelegt haben, bekommen Sie die Choiceline zugewiesen und suchen sich dort einen Wagen aus den bereitstehenden Autos aus.

3.9

Sollten Sie sich in den Kopf gesetzt haben, eine Reise mit einem bestimmten Modell zu machen (ich denke hierbei an die vielen Fans eines Ford Mustang Cabrio), so muss ich Ihnen leider sagen, dass mir kein Anbieter bekannt ist, der Ihnen bei Buchung ein bestimmtes Auto garantiert. Meist stolpern Sie auch hier wieder über das bekannte "o. ä.". Zwar gibt es einige Anbieter wie z. B. Sixt, **www.sixt.de/cabrio-mieten/usa/**, die Fahrzeuge ihrer Flotte auflisten, aber eine Garantie für ein bestimmtes Fahrzeug ist dies auch nicht. Manchmal kann man das gewünschte

Fahrzeug in der Rubrik "Kommentar" als Kunden-
wunsch angeben. Seriöse Anbieter geben diesen
Wunsch dann an den örtlichen Vermieter weiter, der
sich bemühen wird, Ihre Wünsche zu erfüllen. Man-
ches lässt sich auch noch vor Ort regeln, eine **Garantie gibt es aber nicht**.

3.10

Wir haben einmal einen Mitarbeiter bei der Ausfahrt
auf Kratzer hingewiesen und er fragte nur, ob wir die
Kratzer für "important" hielten - wenn nicht, sollten wir
uns keine Sorgen machen.
In einem anderen Urlaub mussten wir sogar selber
darauf hinweisen, dass wir einen Unfall gehabt hatten
und der Schaden wohl ausgebessert werden müsste.
Der Mitarbeiter hätte uns das Fahrzeug auch in dem
aktuellen Zustand abgenommen.

Unser Wagen ist nicht mehr fahrfähig

Diesen Unfallwagen mussten wir allerdings tauschen, da er nicht mehr fahrfähig war. Wir hatten versucht, mit unserem SUV über einen LKW-Reifen zu springen ☹, den ein vorausfahrender Kleintransporter verloren hatte. Es gab keine Chance zum Ausweichen, rechts von uns ein Truck, links eine Böschung.

Der Tausch des Wagens ging aber völlig problemlos und ohne jegliche Kosten für uns vonstatten.

3.11

Wir haben auch vorher mit unserem "grauen Lappen" keine Probleme bei der Anmietung gehabt, aber sicherheitshalber sollten Sie sich einen neuen Scheck-karten-Führerschein zulegen.

3.12

Die Mietkosten für ein Navigationsgerät können über 200 € betragen. Einfache Geräte, die aber völlig ausreichend für einen Urlaub sind, gibt es z. B. beim Walmart schon um die 100 $.

Wenn Sie sich vorher über die Preise informieren wollen, gehen Sie auf die Seite **www.walmart.com** und geben Sie als Suchbegriff "GPS" ein.

4. Hotels und Motels

Unsere Planung sieht vor, die ersten drei Nächte die-
ses Mal in Las Vegas zu verbringen. Die erste Nacht
hatten wir schon vorgebucht. Jetzt sind wir also auf
der Suche nach einem Hotel für die beiden folgenden
Nächte.
Wir stehen vor einem Hotel (den Namen verschweige
ich besser, nur soviel, es ist keines der großen Hotels
am Strip) und haben noch einen Voucher im Gepäck.
Es ist einer der von mir so genannten „bogof"s (buy
one, get one free). Da können wir meist nicht wider-
stehen. Wir marschieren also hoffnungsfroh in das
Hotel. An der Rezeption erleben wir dann allerdings
eine Überraschung. „Your reservation number?" –
Uups, die haben wir nicht. „Sie hätten im voraus anru-
fen und sich eine Nummer geben lassen müssen",
wird uns von einer netten, aber in der Sache eisenhar-
ten Dame mitgeteilt. Auf unsere Frage, ob es denn
nicht auch einmal ausnahmsweise ohne Nummer
ginge, teilt sie uns mit, dass dies unter gar keinen
Umständen möglich wäre, man bräuchte für die Ein-
buchung eine „reservation number".
„Ist das Hotel denn ausgebucht?" – Nein, dies sei
nicht der Fall, but: „You understand – the reservation
number!"
Wir verlassen also die Lobby unverrichteter Dinge.
Vor dem Hotel schweift unser Blick auf der Suche
nach einem öffentlichen Telefon umher (wir befinden
uns noch in der Vorhandyzeit in den USA). Und rich-
tig, genau vor dem Eingang ist ein öffentlicher Fern-
sprecher. Wir investieren also einen Quarter und rufen
die auf dem Voucher angegebene Nummer an.
Meinem besten Ehemann von allen entgleiten dann
die Gesichtszüge. Da ich nicht sofort mitbekomme,
was sich am anderen Ende der Leitung abspielt,

schießen mir mal wieder die verschiedensten Szenarien durch den Kopf: Gutschein nicht mehr gültig, reservation number nicht mehr zu bekommen, Kontingent für dieses Hotel ausgeschöpft etc., etc., etc.

Der beste Ehemann von allen legt auf und ist dem Erstickungstod nahe. Ein Lachkrampf erschüttert seinen Körper. Er ist unfähig, etwas zu sagen.

Ich warte. Langsam legt sich der Lachkrampf. Ohne ein Wort zu sagen, dreht sich mein Mann um und stapft in das Hotel zurück. Ich folge ratlos.

An der Rezeption legt er den Voucher wieder vor, nennt die „reservation number" und wir bekommen anstandslos mit einem freundlichen Lächeln den Schlüssel für ein schönes Zimmer überreicht. Als wir dieses dann in Beschlag nehmen, lässt sich der beste Ehemann von allen endlich zu einer Erklärung herab.

Er hat die Nummer auf dem Voucher gewählt und war mit unserer eisenharten Lady von der Rezeption verbunden, die ihm sofort eine reservation number gegeben hat.

PS: Die Dame hat beim Check-in keine Miene verzogen – ebenso wenig wie mein Mann.

Fazit: Wenn Sie einen Voucher benutzen, achten Sie genau auf die Gebrauchsanweisung. Voucher bieten häufig gute Angebote, aber es gibt keine Kulanzregelungen. Was auf dem Voucher steht, muss in allen Details befolgt werden. Und eine Nummer ist immer ganz wichtig! ☺

⇨ ⇨ ⇨ ⇨ ⇨ ⇨ ⇨ ⇨ ⇨ ⇨ ⇨ ⇨ ⇨ ⇨

Wenn Sie eine Rundreise mit einem Mietwagen unternehmen wollen, brauchen Sie auch etwas, wo Sie Ihr müdes Haupt nach einem anstrengenden und ereignisreichen Tag betten können, sprich: Sie brauchen ein Hotel oder ein Motel (**4.1**).

Nun, der Fahrer eines SUV hat natürlich noch die Wahl, mit angewinkelten Beinen im Kofferraum zu übernachten, nachdem er das Gepäck auf den Fahrer- und den Beifahrersitz umgeladen und diese ganz nach vorn geschoben hat. Wer mit den Beinen nach vorne und damit etwas bergauf schläft, kann dann sogar durch das Heckfenster den Sternenhimmel sehen. Achten Sie aber darauf, das Auto etwas bergab zu parken, damit Sie wieder waagerecht liegen.

Eine Sorge möchte ich Ihnen aber gleich am Anfang nehmen: es gibt genügend Hotels/Motels in den USA und Sie werden mit Sicherheit etwas finden (**4.2**). Ob Sie ein **Motel oder ein Hotel** nehmen, ob Sie die Übernachtungen im Voraus buchen, welche Zimmergröße Sie buchen und welche Preiskategorie Sie buchen, ist ganz Ihnen überlassen (**4.3**).
Gehen wir also der Reihe nach vor:
Für eine **Rundreise** bieten sich Motels an. Da sich die Parkmöglichkeiten direkt vor dem Zimmer befinden, ist das Ein- und Ausladen des Gepäcks wesentlich einfacher. Die meisten Motels haben zudem nur zwei Stockwerke, so dass auch das Treppensteigen mit Gepäck weitestgehend entfällt (**4.4**).In größeren Städten werden Sie allerdings in zentraler Lage weniger Motels finden, da diese eine größere Grundfläche benötigen, man kann also weniger Zimmer auf einer Fläche unterbringen.

Die **Buchung der Zimmer im Voraus** ist eine Glaubensfrage. Buchen Sie schon von Deutschland aus, sind Sie festgelegt. Dies kann Vor- und Nachteile haben. Vorteil: Sie wissen genau, wo Sie abends landen und können sich tagsüber mehr Zeit auf Ihrer Route lassen, weil Sie kein Hotel mehr suchen müssen. Nachteil: Sie verlieren eine gewisse Flexibilität und wenn Sie mehr Zeit für eine Attraktion brauchen, als Sie geplant haben (4.5), müssen Sie abbrechen oder einen Tagesordnungspunkt weglassen (4.6). Auf alle Fälle sollten Sie möglichst die **erste und die letzte Nacht vorher buchen**. Aus Erfahrung weiß ich, dass es nach einem langen Flug keinen Spaß mehr macht, ein Hotel zu suchen, zumal man nach der Ankunft schon viel Zeit zur Einreise und zur Wahl des Mietwagens gebraucht hat. Dann ist es nach Ihrer inneren Uhr meist schon früher Morgen und die Suche fällt schwer (4.7).

Auch für den Abreisetag ist es sinnvoller, vorher zu buchen. Suchen Sie sich am besten ein Hotel in der Nähe des Flughafens mit möglichst großen Zimmern. Hier können Sie sich dann ausbreiten und in Ruhe Ihre Koffer für den Rückflug packen.
Apropos **Suche**: An jeder Interstate-Ausfahrt finden Sie Hinweisschilder, ob sich hier Services verbergen. Die Schilder sind meist nach Gas (Tankstelle), Food (meist Restaurantketten) und Lodging (Hotelketten) gegliedert und geben so erste Anhaltspunkte (4.8).
Bei den Motelketten, die direkt an Highwayausfahrten liegen, brauchen Sie normalerweise keine Reservierungen für Übernachtungen zu machen, denn hier übernachten überwiegend Reisende, die nur eine Nacht bleiben. Es hat sich aber als vorteilhaft erwiesen, wenn man nicht zu spät am Abend ankommt.
Wenn Sie spontan ein Hotel gesucht und gefunden haben, so wollen Sie sicher wissen, **was für ein**

Zimmer Sie nehmen sollen. Die Zimmer sind einge-
teilt nach der Bettengröße. Es gibt Queensize Beds,
Kingsize Beds und diese als Single oder Double.
Queensize sind 1,50 - 1,60 x 2,00 m breit, Kingsize
mindestens 1,80 x 2,00 m. Nach der Bettengröße

Motelzimmer mit 2 Queensize Betten

*Hotelzimmer mit zwei Kingsize Betten (zählen Sie die Kopfkissen,
zwei oder drei Kopfkissen bedeuten Queensize, vier oder mehr
Kopfkissen weisen auf Kingsize hin)*

richten sich auch die Zimmerpreise - üblicherweise
bezahlen Sie für das Zimmer, wenn Sie es nicht mit

mehr als 4 Personen belegen. Zusätzliche Personen und Hunde kosten extra (**4.9**).

An der Rezeption sollten Sie den Zimmerpreis **immer** verhandeln. Fragen Sie nach Discounts. Das ist in den USA üblich und es macht jeder. Der häufigste Discount ist der für Mitglieder des AAA, des amerikanischen Automobilclubs. Dabei wird fast immer auch akzeptiert, wenn Sie einen Mitgliedsausweis des ACE oder des ADAC vorlegen – wenn Sie überhaupt etwas vorlegen müssen. Der Discount beträgt dann 10 % (**4.10**). Wenn Ihnen das Hotel suspekt erscheint oder Sie vielleicht an der Sauberkeit zweifeln, so lassen Sie sich ruhig das Zimmer zeigen (**4.11**).

Noch ein Wort zur **Ausstattung** der Hotels/Motels.

Ob ein **Frühstück** angeboten wird, liegt alleine im Ermessen der jeweiligen Unterkunft. Auch die Ausstattung desselben kann sehr unterschiedlich sein. "Continental Breakfast" ist eine spartanische Variante, meist wird dann nur ein Donut zum Kaffee gereicht, "Hot Breakfast" bedeutet, dass Sie sich auf Waffeln oder Rühreier freuen dürfen. Das Ihnen aus Deutschland bekannte weichgekochte Frühstücksei werden Sie allerdings meist vergeblich suchen. Eier gibt es nur als Rührerei (im Restaurant auch als "over easy" - von beiden Seiten gebraten - oder als "sunny side up", also als Spiegelei) oder (stein-)hart gekocht. Häufig findet man diese hartgekochten Eier dann auch noch gepellt und auf Eis gelegt. Dazwischen gibt es die ganze Bandbreite, Joghurt, Cereals, Juice, Toast und Jam.

Die Zimmer haben in der Regel ein TV und ein Telefon (außer in den Nationalparks, vgl. **4.12**). Häufig finden Sie auch Kühlschrank, Mikrowelle und einen Coffee Maker, in höherpreisigen Hotels auch Bügelbrett und Bügeleisen. In jedem Zimmer befindet sich außerdem ein Behälter für Eis. **Dringender Rat**: Wenn Sie sich Eis holen, legen Sie, falls nicht vorhanden, eine Plastiktüte in den Eisbehälter (ich konnte noch nie beobachten, dass diese Behälter ausgetauscht oder gereinigt werden!!!).

Viele Hotels haben auch eine "Guest Laundry". Dort können Sie zur Gewichtsentlastung Ihres Urlaubsgepäcks schon mal das eine oder andere Kleidungsstück durchwaschen. Ich habe mir in den letzten Jahren angewöhnt, ein wenig Waschpulver in einer kleinen Plastikdose von zu Hause mitzunehmen. Doch, doch, auch in den USA ist Waschpulver durchaus bekannt, allerdings hat nicht jedes Hotel einen Vorrat davon an der Rezeption zum Verkauf stehen. Und die handelsüblichen Mengen, die es im Supermarkt zu kaufen gibt, entsprechen häufig den deutschen, sind also viel zu groß. Außerdem bin ich aus Erfahrung etwas skeptisch gegenüber dem enthaltenen Bleichmittel. Mir ist es schon gelungen, mit amerikanischem Waschpulver meine Wäsche in völlig neue Farbmuster zu überführen (**4.13**).

Denken Sie auch daran, sich einen kleinen Vorrat an **Quarters** (25 Cents) anzulegen. Diese sind das bevorzugte Zahlungsmittel für Kleinbeträge (**4.14**) und dienen dem Füttern der Waschmaschinen und Trockner in der Laundry. Eine Waschladung kostet in der Regel zwei bis drei Dollar, ein Trocknerlaufgang ein bis zwei Dollar.

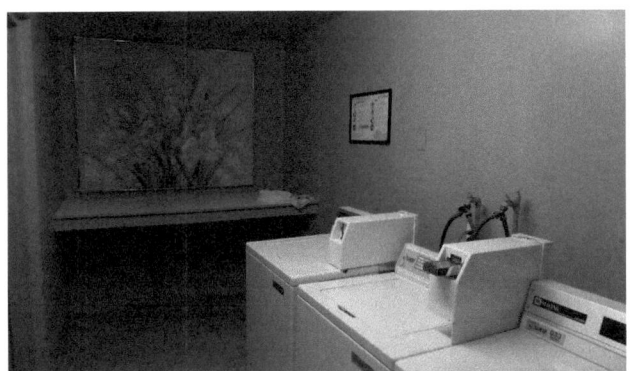

Hotellaundry

Sie werden, wenn Sie unterwegs sind, immer wieder auf ausliegende **Gutscheinhefte** treffen, die Zimmer zu sagenhaft günstigen Preisen anbieten. Diese Preise bekommen Sie aber nur zu bestimmten Zeiten, etwa außerhalb der Saison, oder es handelt sich um besondere Zimmer. Beliebt sind für solche Rabattaktionen die Zimmer unter der Treppe (da hören Sie dann genau das Getrappel der anderen Gäste) oder Zimmer neben der Laundry, wo morgens ab 6 Uhr die Hotelwäsche rumpelt. Wenn Sie damit leben können, funktionieren diese Gutscheine aber. Sie werden allerdings auch schnell feststellen, dass wirklich gute Hotels dort meist nicht zu finden sind.

Noch ein **Tipp** aus eigener Erfahrung:
Sollten Sie eine Großveranstaltung besuchen wollen, wie z. B. die Balloon Fiesta in Albuquerque, so kann es sinnvoll sein, ein Zimmer vorab zu buchen. Lassen Sie sich aber nicht vom Besuch abhalten, nur weil Sie kein Zimmer mehr bekommen. Wir haben schon mehrere Großveranstaltungen besucht, wie z. B. die o. g. Fiesta oder einen Shuttle-Start in Florida. Dabei hat-

ten wir immer Probleme, ein Hotelzimmer von Deutschland aus zu buchen. Die großen Buchungsportale haben meist nur bestimmte Kontingente, und wenn diese ausgebucht sind, bekommen Sie kein Zimmer mehr. Da wir aber Karten für die Balloon Fiesta hatten und auch unser gesamter Urlaub darauf ausgerichtet war, blieb uns nichts anderes übrig, als auf "gut Glück" zu fahren. Wir haben dann schon 50 km vor Albuquerque mit der Hotelsuche angefangen und festgestellt, dass fast alle Hotels noch ausreichend Zimmer hatten. Also haben wir uns näher an den Veranstaltungsort herangekämpft und in 6 km Entfernung ein gutes und bezahlbares Hotel gefunden. Die gleiche Erfahrung haben wir in Florida bei Cape Canaveral gemacht. Auch hier waren nicht alle Hotels in erreichbarer Entfernung (20 Min. Autofahrt) ausgebucht, obwohl dies von Deutschland aus so aussah. Schlimmstenfalls müssen Sie dann mit einer etwas längeren Anfahrt rechnen. Sollten Sie dennoch unsicher sein, sehen Sie einfach mal auf der Internetseite des Hotels direkt nach oder schreiben Sie eine E-Mail an das Hotel (**4.15**).

Zusammenfassend lässt sich sagen, dass die meisten Hotels und Motels in den USA sauber sind. Wir bevorzugen kleinere Häuser von Privateigentümern, da sie meist individueller eingerichtet sind, häufig gibt es hier neben einem guten Service auch nette Gespräche und informative Hinweise.

Bei der Abreise denken Sie bitte an das **Trinkgeld** für das Zimmermädchen. Die Servicekräfte haben ein sehr niedriges Grundgehalt und sind auf das Trinkgeld angewiesen (siehe auch Kapitel **8. Essen gehen**).

Bleibt man länger als 1 Nacht, sind 1 $ pro Tag angemessen, die in einem beschrifteten Umschlag (liegt häufig im Hotel schon aus) oder deutlich sichtbar auf dem Kopfkissen hinterlassen werden sollten (**4.15**).

4.1

Der Unterschied zwischen einem Hotel und einem Motel ist kein großer. In einem Hotel erreicht man die Zimmer in der Regel durch einen Flur nach einer Rezeption. Im Gegensatz dazu sind die Zimmer in einem Motel direkt von außen zugänglich, meist ist der Parkplatz direkt vor dem Zimmer. Sind Sie einmal im Zimmer, besteht praktisch kein Unterschied mehr.

Häufig bieten Motels auch keine Gastronomie, sie können aber durchaus ein Frühstücksbuffet anbieten (beim Einchecken erfragen: "Do you serve breakfast?").

Frühstücksbuffet in einem Motel

4.2

Häufiger finden Sie auch die Bezeichnung "Inn", dabei kann es sich sowohl um ein Motel als auch um ein Hotel handeln.

Die Namen der Motelketten bieten einen gewissen Anhaltspunkt für das Preisniveau. Als **billige Ketten** gelten Motel 6, Travelodge, Red Roof Inn und Econolodge. Üblicherweise gibt es hier auch kein Frühstück. **Mittelklasse** sind Quality Inn, Comfort Inn, Day's Inn, Best Western und La Quinta Inn. Eher **hochpreisige Unterkünfte** sind Fairfield Inn, Courtyard by Marriott, Residence Inn und Hyatt.

4.3

Es gibt auch die Möglichkeit der Übernachtung in einem B&B ("bed and breakfast"). Diese sind meist sehr individuell eingerichtet, bieten ein ausgezeichnetes Frühstück und manchmal Familienanschluss. Leider sind sie nicht gerade preiswert.

4.4

Das Erdgeschoss ist übrigens der "first floor", der erste Stock wird "second floor" genannt.

4.5

Weitere Hinweise zur Routenplanung finden Sie im Kapitel **6. Routenplanung**.

4.6

Wenn Sie das erste Mal eine Rundreise machen, kann es sinnvoll sein, Hotels im Vorhinein zu buchen. Wenn Sie häufiger unterwegs sind, werden Sie eine gewisse Flexibilität zu schätzen wissen. Wir haben schon oft unsere geplante Route geändert, weil wir im Hotel einen Flyer von einer Attraktion gefunden haben, die wir uns unbedingt ansehen wollten und die nicht auf der Route lag. So haben wir sogar einmal einen mehr als lohnenden Abstecher von Cheyenne nach North Platte gemacht (das sind so ungefähr 220 Meilen und 3 Stunden Fahrzeit), weil der beste Ehemann von allen den größten Verschiebebahnhof der Welt sehen wollte.

4.7

Meine bevorzugte Buchungsplattform ist
www.booking.com

Dort findet man viele Hotels und bei der Reservierung wird die Kreditkarte nicht belastet. Daher kann man jederzeit bis 24 Std. vorher kostenfrei stornieren. Aus meiner Sicht ein unschätzbarer Vorteil.
Weitere Suchmaschinen sind u. a.:

www.trivago.com
www.usa-hotels.de
www.expedia.de
www.holidaycheck.de
www.hrs.de
www.ebookers.de
www.tripadvisor.com

4.8

Es gibt auch das Schild "no services", wenn nichts vorhanden ist!

4.9

Hunde sind in Hotels selten gestattet. Die Zusatzkosten sind, wenn erlaubt, meist recht happig.

4.10

Wenn Sie in einer abgelegenen Gegend sind und das Motel heute sicher nicht mehr ausgebucht werden wird, werden Sie feststellen, dass Ihnen der Portier manchmal bei der "Suche" nach Discountmöglichkeiten hilft. Manchmal entstehen da auch völlig neuartige Begriffe. Wir haben schon mal einen "Discount for Seniors" bekommen. Damals war mein Mann noch keine 40 Jahre alt.
Der genannte Zimmerpreis ist immer der Preis **ohne Steuern**. Wundern Sie sich also nicht, wenn die Rechnung höher lautet als der Preis, der Ihnen an der Rezeption genannt wurde. Der Aufschlag ist je nach Bundesstaat und Verwaltungsgebiet unterschiedlich und kann bis zu 10 % betragen.

4.11

Auch die Zugehörigkeit zu einer bestimmten Kette garantiert kein gleichbleibend hohes Niveau. Die Ketten vergeben die Hotels an Franchise-Unternehmer, die das Hotel ziemlich eigenständig führen. Und manchmal kann der Inhaber (unserer Erfahrung nach besonders, wenn er indischer oder indianischer Abstammung ist) eine andere Vorstellung von Sauberkeit als der normale Mitteleuropäer haben. Wir haben schon ausgesprochen schöne saubere Motel 6 erlebt (obwohl diese Kette als besonders "billig" gilt) und ausgesprochen unschöne (aber teure) Hyatt. Scheuen Sie sich auch nicht, wieder zu gehen. Das nächste Hotel ist nicht weit! Häufig liegen die Hotels einer Ortschaft alle an derselben Straße (hier gilt anscheinend der alte Leitsatz, dass Konkurrenz das Geschäft belebt) oder an einer Interstate-Ausfahrt.

4.12

In den großen Nationalparks wie Yellowstone oder Death Valley ist die Ausstattung der Zimmer sehr spartanisch. Es gibt kein Telefon und kein Fernsehen. Auch der Handyempfang und das Internet sind meist auf die Lobby beschränkt. Offizielle Begründung ist, dass man dem Gast zu innerer Ruhe verhelfen will. Auch die Betten sind häufig sehr schmal und die Zimmer selber sehr klein.
Glauben Sie aber bitte nicht, dass die Zimmer deshalb günstiger sind. So kostet z. B. ein Standard Room in Stovepipe Wells (die billigste Unterkunft im Death Valley) zwischen 146.00 – 160.75 $ pro Nacht (ohne Tax).

4.13

Sollte Ihr Hotel mal keine Laundry haben, keine Panik! Waschsalons sind weit verbreitet, Sie finden in wirklich fast jedem "Nest" einen.

4.14

Besorgen Sie sich, wenn möglich, schon in Deutschland ein paar Quarters. Entweder können Sie dies bei Ihrer Bank tun oder Sie fragen einfach mal bei Bekannten nach, die schon in den USA waren.
Wenn Sie z. B. in New York oder Chicago landen, kann es Ihnen schon bei der Ausfahrt aus dem Airport passieren, dass Sie auf einer mautpflichtigen Interstate landen. Dann brauchen Sie möglicherweise gleich Kleingeld. Nicht immer kann man an den Mautstellen an Kassenhäuschen bar bezahlen oder wechseln.

4.15

Der Text könnte etwa wie folgt lauten:

In die Betreff-Zeile: Request for reservation

Text:

Dear Sir or Madam,

I want to make a reservation for a room for one night, arrival date (x.th of month, year).
Please give me an indication of your rates per night (we are AAA-members), preferably two beds

(breakfast included?), so that I can confirm my booking as soon as possible.
Should you have no vacancies please could you give me the address of a suitable motel/hotel in your area? Many thanks in advance.

Yours faithfully
N.N.

Übrigens ist „Mail" in den USA ein Brief, den die Post transportiert, und keine E-Mail.

4.16

Nähere Informationen zur richtigen Trinkgeldhöhe bietet die Seite: **www.tipping.org/tips/**
Beachten Sie, dass dies eine amerikanische Seite ist, die Trinkgelder sind deutlich höher als in Europa. Wir liegen normalerweise unter der angegebenen Höhe.

5. Wohnmobile

"Es war einmal", so fangen Märchen an. Auch bei der Anmietung eines Wohnmobils gab es einmal eine märchenhafte Zeit. Damals mietete man ein Wohnmobil zu einem festen Preis, der, außer den Meilen, alles, aber auch alles enthielt. Der Service war umfassend. Man wurde vom Hotel abgeholt. Das Wohnmobil stand an der Vermietstation bereit und war komplett ausgestattet mit allem, was man brauchte.

Dann änderten sich die Zeiten. Mietete man nun ein Wohnmobil, musste man z. B. den Transfer dazukaufen. Der geneigte Reisende sollte außerdem für seine Märchenreise die gesamte Ausstattung mieten. Und die Zeiten wurden noch härter, das Steingut-Geschirr wurde durch billiges Plastik ersetzt und Gläser aus Glas gab es auch nicht mehr.

Doch ein wenig Luxus gehörte für uns schon immer ins Märchenland. Wie konnte man dieses Problem lösen? Wir entschieden uns dafür, nichts zu mieten, sondern die benötigten Dinge zu kaufen. So übernahmen wir also ein "nacktes" Wohnmobil und fuhren - zum nächsten Outlet Center. Dort erstanden wir mit Hilfe einer freundlichen Verkäuferin Tassen, Teller, Töpfe und Gläser und in einem anderen Geschäft Bettdecken, Kopfkissen und Bettwäsche. Wir hatten nun sicher die nobelste Ausstattung, die dieses Wohnmobil je gesehen hatte. Teller aus feinstem Porzellan, Kristallgläser, Töpfe mit Beschichtung, Bettwäsche mit Blümchen und edle Handtücher. Und zu unserem Erstaunen ergab der anschließende Kassensturz, dass wir kaum mehr ausgegeben hatten, als wenn wir die Sachen gemietet hätten. Doch auch im Märchenland muss der König ein wenig sparen - und so haben wir bei der Rückgabe die Sachen einfach an den nächsten Kunden weiterverkauft. Vielleicht fährt unser Porzellan ja heute noch durchs Märchenland.

Fazit:

Die Nebenkosten sind in den letzten Jahren bei der Anmietung von Wohnmobilen immer mehr gestiegen. Wenn Sie ein wenig Spaß am Einkaufen haben - oder sowieso ein Outlet Center anfahren wollen, überlegen Sie doch einfach mal, ob es sich lohnt, nicht zu mieten, sondern zu kaufen. Nachteil ist sicher, dass dies ein wenig Zeit erfordert. Wir würden heute außerdem natürlich nicht mehr in ein Spezialgeschäft in einem Outlet Center gehen, alle Ausstattungsgegenstände gibt es auch beim Walmart (und dort sicher günstiger!).

Unser Wohnmobil im Jahre 2012

⇨ ⇨ ⇨ ⇨ ⇨ ⇨ ⇨ ⇨ ⇨ ⇨ ⇨ ⇨ ⇨ ⇨

Sie wollen nicht mit einem Mietwagen fahren, sondern lieber ein Wohnmobil mieten?

Gerade in den USA ist dies sicher eine gute, wenn auch nicht ganz preiswerte Idee.

Zuerst gilt auch hier, wie bei einem Mietwagen, dass Sie aus versicherungstechnischen Gründen das Wohnmobil **immer in Deutschland mieten** sollten. Von Schnäppchen vor Ort (**5.1**) kann ich Ihnen nur dringend abraten. Die Zusatzkosten sind nicht mehr überschaubar und der Phantasie der Vermieter keine Grenzen gesetzt. Die Anmietung bei Vermietern vor Ort (auch bei seriösen, die über Anbieter in Deutschland ebenfalls gebucht werden können) ist meiner Erfahrung nach immer teurer.

Zu meiner Erleichterung beim Schreiben an dieser Stelle ein Hinweis. Wohnmobile heißen in den USA RVs (recreational vehicles). Als Wohnmobile (oder in der Übersetzung "mobile homes") werden in den USA häufig die mobilen Häuser bezeichnet, die Ihnen schon mal (halbiert oder vollständig) auf der Interstate entgegenkommen (**5.2**).

Wo sollten Sie nun ein RV mieten?

Es gibt eine Vielzahl von Anbietern für RVs in Deutschland (**5.3**). Für welchen Sie sich entscheiden, bleibt ganz Ihnen (und dem angebotenen Preis) überlassen.

Die Anbieter stellen auf ihren Internetseiten Suchmasken zur Verfügung, in denen Sie die Anmietstation, die Rückgabestation, den Anmiettag und den Rückgabetag eintragen können. Dann werden die unterschiedlichen Angebote gesucht und gefunden.

Wenn Sie mehrere deutsche Unternehmen vergleichen, werden Sie schnell feststellen, dass Sie in den

USA häufig bei ein- und denselben Vermietern landen (**5.4**). Dies bedeutet aber nicht, dass Sie auch überall den gleichen Preis bekommen. So kann ein RV von Cruise America bei Camperbörse oder bei Canusa durchaus unterschiedliche Preise und Konditionen haben. Sie müssen also mal wieder vergleichen.

Schon ganz am Anfang müssen Sie sich aber über einige Gegebenheiten klar werden. Von wo wollen Sie starten, streben Sie eine Rundreise oder eine Einwegmiete an und welche Fahrzeuggröße möchten Sie buchen?

• Anmietstation

Für die Anmietung eines RVs bieten sich vor allem die größeren Stationen an. Dort ist die Auswahl an vorrätigen Fahrzeugen am größten. Dies sind im Westen der USA vor allem Los Angeles, San Francisco, Las Vegas und Denver.

Schon bei der Anmietung in Phoenix (nach deutschen Maßstäben mit knapp 1,4 Mio. Einwohnern im Großraum ja auch nicht gerade eine Kleinstadt) gibt es nicht alle Anbieter und die Stationen sind **nicht an allen Tagen geöffnet**.

Dies ist vor allem deshalb wichtig, weil Sie den RV erst einen Tag nach Ihrer Ankunft in den USA übernehmen dürfen. Fliegen Sie also z. B. am Freitag (und kommen somit auch am Freitag an), ist es sinnvoll, wenn die gewünschte Station am Samstag geöffnet ist. Sonst können Sie das Fahrzeug erst am Montag übernehmen!

Achten Sie bei den gewünschten Miettagen auch auf amerikanische Feiertage (**5.5**).

Übrigens sollten Sie auch am Abgabetag auf die Öffnungszeiten der Vermietstation achten. Denken Sie daran, dass die Rückgabe eine Weile dauern kann und Sie dann noch zum Flughafen müssen, wo Sie mindestens zwei Stunden vor Abflug sein sollten. Da kann es besser sein, wenn Sie das Fahrzeug einen Tag vor Abflug zurückgeben, was allerdings wiederum bedeutet, dass Sie noch eine Nacht im Hotel mit planen und einrechnen müssen (manchmal haben Sie auch keine andere Wahl, denn wenn Sie auf dem Rückflug umsteigen, wird Ihr Flieger am Abflugtag einfach zu früh starten, als dass es noch mit einer Rückgabe klappen würde).

- Fahrzeuggröße

Die Größe der Wohnmobile wird in feet angegeben, wobei 1 foot ungefähr 30 cm entspricht. Ein RV mit einer Größe von 18 feet ist also ungefähr 5,5 m lang. Die gängigsten Größen sind:

Wohnmobil klein	C19	18 - 20 feet	5,5 - 6 m
Wohnmobil mittel	C25	24 - 25 feet	7 - 7,5 m
Wohnmobil groß	C29	27 - 29 feet	8 - 9 m
Wohnmobil extra	C30	30 feet und größer	9 - 11 m

Zunächst einmal der Hinweis, dass sich alle RVs, egal welcher Größe, gut fahren lassen.
Die Wahl der Fahrzeuggröße sollten Sie auch nicht vom **Benzinverbrauch** abhängig machen, der unterscheidet sich nämlich nur geringfügig. Dafür ist eher das Alter des Fahrzeugs maßgebend. Der Verbrauch liegt meist so zwischen 25 - 30 l auf 100 km.
Entscheidend ist aus meiner Sicht die **Anzahl und die Qualität der Schlafplätze.** Wenn ein RV für 5 Personen angegeben ist, so kann dies bedeuten, dass zwei Personen die Nacht über der umgebauten Sitzecke verbringen (die Schlafplätze sind dort meiner Erfahrung nach nicht besonders bequem). Auch der Alkoven über der Fahrerkabine ist nur bedingt geeignet

(Kinder fühlen sich hier wohl, Erwachsenen "fällt eher der Himmel auf den Kopf").

Noch ein Hinweis, den ich von einem Profi habe. Wenn Sie überlegen, sich ein Wohnmobil aus Kostengründen mit mehreren Personen zu teilen, die nicht zu Ihrer Familie gehören, überlegen Sie sich das ganz genau. Ein RV ist keine sehr geräumige fahrende Wohnung und schließlich wollen Sie auch nach dem Urlaub noch Freunde haben.

Übrigens ist ein größeres Fahrzeug nicht automatisch teurer. Ganz große Wagen ab 30 feet sind sogar oftmals erstaunlich günstig. Meine Vermutung ist, dass diese sich schlechter an Touristen vermieten lassen, die sich das Fahren mit einem solchen Riesending nicht zutrauen (**5.9**).

• Rundreise oder Einwegmiete

Die Entscheidung, ob Sie eine Rundreise machen oder den RV von A nach B fahren, ist vor allem eine Frage des Geldbeutels und nur eingeschränkt eine der Tourenplanung, vor allem, wenn Sie im Südwesten der USA unterwegs sein wollen.

Bei Einwegmieten zahlen Sie in der Regel einen erheblichen Aufschlag für die Rückführung des RVs an seinen angestammten Platz. Der Unterschied kann pro Miete leicht 300 € und mehr betragen. Da kann es billiger sein, die Strecke anders zu planen.

• Preis

Und da sind wir schon wieder beim Thema Preis. Die Berechnung des Endpreises ist eine Wissenschaft für sich (**5.6**).

Sie bekommen bei einigen Anbietern einen Preis aus-gewiesen, der um bis zu 500 € unter dem eines an-deren Anbieters liegen kann. Woran das liegt? Nun, bei einem Anbieter sind schon einige **Zusatzkosten** mit verrechnet, bei dem anderen kommen sie noch dazu. Diese Zusatzkosten sind / können sein (**5.7**):

Meilen:
Der Kauf von Meilenpaketen ist immer günstiger als die Zuzahlung von mehr gefahrenen Meilen vor Ort, denn da kommt noch die örtliche Steuer dazu und möglicherweise ein ungünstiger Wechselkurs.
Bei einigen Anbietern müssen Sie eine Mindestmei-lenanzahl buchen.
Die Grenze der Kosten zu unbegrenzten Meilen liegt bei ca. 2500 Meilen, also 5 Meilenpakete à 500 Mei-len (siehe **7. Routenplanung**).

Vehicle Kit oder **Preparation Kit**:
Die Ausstattung des RVs: ich nehme nicht an, dass Sie Kochtöpfe, Bratpfannen, Dosenöffner und Schalen von zu Hause mitbringen wollen.

Personal Kit:
Dahinter verbirgt sich nichts anderes als die benötigte Bettwäsche, Handtücher, Gläser, Besteck usw.

VIP-Versicherung:
Diese Zusatzversicherung deckt besondere Schäden ab, die in der normalen Versicherung nicht enthalten sind, vor allem aber reduziert sie den Selbstbehalt im Schadensfall.

Zusatzhaftpflichtversicherung:
Diese Versicherung erhöht die Haftpflichtsumme auf mindestens 2 Mio. Euro. Sie ist aus meiner Sicht un-verzichtbar (**5.8**).

Early Bird Special (frühe Abholung):
Eine Erfindung der neuesten Generation. Sie zahlen hier dafür, dass Sie den Wagen schon am Vormittag übernehmen dürfen. Buchen Sie diese "Leistung" nicht, sehen Sie Ihr Fahrzeug erst ab 13 Uhr (**5.6**).
Vor einigen Jahren gab es diese Leistung auch schon, sie bedeutete aber damals, dass man bevorzugt vor dem allgemeinen Shuttleservice abgeholt wurde. Der allgemeine Shuttleservice war aber damals immer vormittags.

Transferkosten:
In den letzten Jahren kommt es immer häufiger vor, dass die Transferkosten vom Hotel zur Vermietstation und von der Vermietstation zum Flughafen (oder zum Hotel) nicht mehr inklusive sind.
Bei meiner letzten Buchung bin ich sogar auf die Kopplung zwischen Early Bird Special und Transferkosten gestoßen, im Klartext, will man den Transfer nutzen, muss man beides zusammen buchen. Die Kosten sind dabei nicht unerheblich (250,- € und mehr!).
Dies halte ich für eine glatte Abzocke, denn welcher Reiseanfänger traut sich schon zu, den Transfer vom Hotel zur Vermietstation in Eigenregie zu organisieren, zumal dann hier noch die Taxikosten eingerechnet werden müssen.

Gebühren für Zusatzfahrer:
Diese Gebühren sind bei manchen Anbietern im Mietpreis eingeschlossen.

Zusätzliche Dinge:
Was Sie außerdem noch mieten können, sind solche Dinge wie Campingstühle, Navigationsgerät, Toaster, Kaffeemaschine etc. Hier gilt der gleiche Hinweis wie

beim Mietwagen. Manchmal ist es günstiger, die Dinge direkt vor Ort zu kaufen. Einfache Campingstühle gibt es z. B. beim Walmart ab 6 $.

Bereitstellungsgebühr:
Dies ist eine Gebühr, die Sie bei manchen Anbietern zahlen müssen. Sie wird dafür erhoben, dass der Vermieter Ihnen das Fahrzeug bereitstellt, damit Sie damit in Urlaub fahren können (alles klar?).

- Überführungsfahrt

Eine Besonderheit bilden die sogenannten Überführungsfahrten. Hier holen Sie ein nagelneues Fahrzeug aus der Fabrik ab und überführen es zu einer Vermietstation.
Diese Überführungsfahrten sind auf den ersten Blick sehr günstig, haben aber auch ihre Tücken. Die Fabriken liegen meist im Norden in der Nähe von Chicago oder Minneapolis. Da diese Fahrten nicht umsonst "Überführungsfahrten" heißen, liegen die Abgabestationen meist weit entfernt, also z. B. in Los Angeles oder San Francisco. Es liegt also eine gewaltige Wegstrecke vor Ihnen. Sie erhalten zwar ein Meilenkontingent kostenlos, dies reicht aber kaum für größere Umwege. Außerdem müssen Sie für die Benzinkosten aufkommen. Zusätzlich sind die Termine für die Übernahme festgelegt und die Mietdauer ist in manchen Fällen begrenzt. Den Transfer von einem Flughafenhotel zur Fabrik müssen Sie bezahlen.
Allerdings ist die gesamte Ausstattung des Wohnmobils im Preis enthalten (sogar mit Navigationsgerät!).

Wenn Sie zeitlich nicht gebunden sind, ist dies aber eine günstige Möglichkeit eines Wohnmobilurlaubs (siehe **5.9**).

5.1

Vor einigen Jahren gab es Buchungsmodelle unter dem Titel "rent a wreck" (miete ein Wrack). Diese Wohnmobile waren sehr günstig. Leider war aber die Funktionstüchtigkeit dieser "wrecks" in keiner Weise abgesichert. Und ich glaube, es gibt in den USA mehr zu sehen als Werkstätten. Ganz zu schweigen davon, dass dies alles zu Lasten Ihrer Urlaubszeit geht.

5.2

Wir haben mal in einem Gift Store (da wird übrigens, falls Sie es noch nicht wussten, kein Gift verkauft, sondern Geschenke und Souvenirs) der Verkäuferin erzählt, wir seien mit einem Mobil Home unterwegs. Den erstaunten Gesichtsausdruck werde ich mein Leben lang nicht vergessen!

5.3

Anbieter für Wohnmobilreisen in den USA sind u. a.:

www.canusa.de
www.camperboerse.de
www.camperdays.de
www.trans-amerika-reisen.de
www.adacreisen.de/
www.fti-campermarkt.de

Mit den meisten dieser Anbieter habe ich eigene, gute Erfahrungen gemacht.

Trotzdem sollte man sich die Mühe machen, Angaben immer bei mehreren Anbietern zu vergleichen.

Wir hatten unser erstes Wohnmobil 1987 bei Canusa gebucht. Canusa war damals ein kleines Unternehmen mit nur drei Geschäftsstellen, aber mit sehr gut geschulten Mitarbeitern, die alle selber schon mit dem Wohnmobil unterwegs gewesen waren und viele Tipps aus eigener Erfahrung geben konnten. Die Beratung war ausgezeichnet. Berichten von Freunden und Bekannten konnte ich entnehmen, dass dies auch heute noch der Fall zu sein scheint.

Eine Besonderheit von Canusa ist, dass man keine Preise selber ausrechnen kann, sondern man bekommt nach Angabe der Wunschdaten einen ausgearbeiteten Plan mit allen anfallenden Kosten. Dies kann für Anfänger sehr hilfreich sein.

5.4

Die größten amerikanischen Anbieter von Wohnmobilen, und damit auch die mit den meisten Vermietstationen, sind:

www.cruiseamerica.com
www.roadbearrv.com/
www.apollorv.com
www.moturis.com
www.elmonte.com
www.starrv.com/

Ein großes Netz von Vermietstationen kann dann wichtig werden, wenn Sie ein technisches Problem mit dem Wohnmobil haben. Sie wollen sicher nicht den "halben Kontinent" durchqueren, um das Fahrzeug im Notfall wechseln zu müssen.

5.5

Eine Liste der amerikanischen Feiertage finden Sie unter:
www.usa.gov/citizens/holidays.shtml
www.deutscheindenusa.com/feiertage-in-den-USA

5.6

Warum fallen mir dabei immer wieder die "goldenen" Zeiten anno 1987 ein, als man ein Wohnmobil sozusagen "all inclusive" mieten konnte. Der ausgewiesene Preis war der Endpreis, einzig die Meilen mussten noch dazugebucht werden. Keine Gebühren für Transfer, Ausstattung, Bereitstellung usw., usw., usw.

5.7

Teilweise sind **einzelne** Positionen der folgenden Auflistung bei Angeboten im Preis enthalten. Mir hat beim Erstellen eines Preisvergleichs immer eine Excel-Tabelle geholfen, sonst verliert man leicht den Überblick.

Vehicle Kit
Preparation Kit
Personal Kit
VIP-Versicherung

Zusatzhaftpflichtversicherung
Early Bird Special
Transferkosten
Gebühren für Zusatzfahrer
Bereitstellungsgebühr

5.8

Ein gut gemeinter Rat: Lesen Sie sich die Versiche-
rungsbedingungen genauestens durch. Kleinigkeiten,
wie z. B. eine eingerissene Markise, können leicht
Ihre Urlaubskasse sprengen. Selbst verschuldete
Schäden sind bei manchen Versicherungen **grundsätzlich** ausgeschlossen. Fahren Sie z. B. in einem
Tunnel die Klimaanlage vom Dach, kann Sie das
leicht einen vierstelligen Betrag kosten. Eine gute
Versicherung ist wichtiger als die Wahl des Fahrzeugs!

5.9

Wenn Sie mehr über das Fahren mit einem 33 feet
RV wissen wollen, lesen Sie mein Buch: **Mit dem
Wohnmobil von Chicago nach Las Vegas**. Darin
berichte ich über meine Erfahrungen bei einer Überführungsfahrt und welche Fehler wir dabei gemacht
haben. Aber Sie erfahren auch, wie viel Spaß uns
diese Reise gemacht hat.

6. Campgrounds

Wir haben heute keinen so schönen Campground - landschaftlich gesehen. Aber wir stehen sehr zentral mitten in Anaheim gegenüber von Disneyland. Der Platz ist asphaltiert, kaum Grün um uns herum. Damit es nicht ganz so ungemütlich und eng ist (es ist außerdem Nebensaison), ist nur jeder zweite Platz belegt.

Ich bin gerade dabei, Abendessen zu machen, als doch noch der Platz neben uns belegt wird. Zuerst zolle ich dem Vorgang keine weitere Beachtung, doch dann beginnen eine Reihe von Aktivitäten auf dem Nebengelände. Ich werde aufmerksam und sehe einen älteren Mann zum wiederholten Male aus dem Wagen steigen. Zuerst fährt er die Markise aus, dann entrollt er einen Teppich, der aussieht wie Kunstrasen(!), und stellt seine Campingstühle und einen Campingtisch darauf auf. Es folgen Gartenzwerge(!) und ein kleiner Zaun rund um sein "Grundstück". Das kann nicht wahr sein. Und zum Schluss fährt er noch seine Parabolantenne aus. Jetzt scheint er eingerichtet zu sein.

Fazit:
Wir werden die Ausstattung unseres Wohnmobils noch einmal überdenken müssen.

Nicht alle Campgrounds sind gleich, aber man kann es sich überall gemütlich machen.

➪ ➪ ➪ ➪ ➪ ➪ ➪ ➪ ➪ ➪ ➪ ➪ ➪ ➪

Häufiger wird mir die Frage gestellt, ob es denn nicht schwierig sei, in den USA einen geeigneten Campingplatz zu finden. Die Antwort ist ganz eindeutig: NEIN. Es ist einfach. Es gibt jede Menge Campingplätze, die, anders als in Europa, auch auf Übernachtungsgäste nur für eine Nacht eingestellt sind.

Zuerst einmal gibt es einen generellen Unterschied zwischen **staatlichen** und **privaten** Campgrounds.
Staatliche Campgrounds befinden sich in Nationalparks und in State Parks. Sie sind nicht immer im Voraus buchbar und werden nach der Regel "first come - first served" belegt (wer zuerst da ist, bekommt einen Platz) (**6.1**).
Sollte der Campground aber einmal vollständig belegt sein, bleibt Ihnen nichts anderes übrig, als sich einen anderen zu suchen. Das "wilde" Campen ist in einem Nationalpark **nicht** gestattet. Da sind die Ranger auch ganz streng (**6.2**). Manchmal finden sich an der Grenze des Parks noch Stellplätze mit einem sogenannten "overflow parking", die genutzt werden können, wenn der Campground vollständig belegt ist. Verlassen sollten Sie sich darauf aber nicht.

Ein Tipp: Wenn Sie den Besuch eines Parks planen, sehen Sie schon beim Hineinfahren am Campground vorbei und belegen Sie eine Site. Am Vormittag sind die Chancen, einen freien Platz zu bekommen, wesentlich größer. Vielleicht haben Sie ja Glück und es fährt gerade ein anderer Camper hinaus. Sie sollten auf jeden Fall den Campground abfahren und sich nicht von einem eventuell am Eingang aufgestellten Schild mit der Aufschrift "Campground full" abhalten lassen. Diese Schilder werden von den Rangern am

Abend aufgestellt und meist erst gegen Mittag des Folgetages weggeräumt. Inspizieren Sie die einzelnen Campsites. Wenn eine Site belegt ist, werden Sie das schon sehen. Sollten Sie Zweifel haben, suchen Sie sich lieber einen anderen Stellplatz.

Haben Sie einen Stellplatz gefunden, bezahlen Sie am Eingang die Gebühr (**6.3**) und markieren Ihre Site. Es reicht, wenn Sie z. B. eine Plastiktischdecke (beschwert mit einem Stein) auf dem Tisch liegen lassen. Dann weiß jeder sofort, dass dieser Platz belegt ist. In einigen Parks sind auch kleine **Säulen** aufgestellt, an denen man den Abschnitt des Kaufbelegs befestigen kann. Daran können Sie auch erkennen, ob ein Platz belegt ist.

Die staatlichen **Campgrounds in Nationalparks** sind in der Regel einfach ausgestattet, die einzelnen Campsites (also die einzelnen Stellflächen) haben häufig Wasser- und Stromanschluss. Die Abwasserentsorgung erfolgt meist zentral am Ein- oder Ausgang an einer sogenannten Dumping Station. Doch nicht in jedem Nationalpark findet man diese Dump-Station. So ist es z. B. in Moab fast nicht möglich, sein Abwasser los zu werden, obwohl Arches NP und Canyonlands NP in unmittelbarer Nähe liegen. Sollten Sie also einen längeren Aufenthalt in einem Nationalpark planen, behalten Sie besser die Füllstandsanzeige Ihres rollenden Heimes im Auge.

Jede Site hat außerdem einen Grillplatz (**6.4**) und einen Picknicktisch mit zwei Bänken. Die Kosten für diese Campsites belaufen sich auf 10 - 20$.

Staatliche Campgrounds findet man auch in **National Forests**. Die Sites sind äußerst einfach, oft gibt es nur einen Picknicktisch, einen Grillplatz und eine Pit Toilet (= Toilette ohne Wasserspülung). Wasser und Strom sucht man vergeblich. Erhältlich sind diese zu Preisen zwischen 0 - 10$.

Die Campgrounds in **State Parks** sind meist hervorragend ausgestattet mit einer Mischung aus einfachen Plätzen und Stellplätzen mit Full Hookup (**6.5**). Der Preis beläuft sich im Schnitt auf 10 - 20$. Es gibt zudem meist Duschen, die man gegen eine geringe Gebühr (Quarters sammeln) nutzen kann.

Auf fast allen staatlichen Campgrounds besteht ein 14 Days Limit. Sie müssen also nach 2 Wochen wieder abreisen. Aber in der Regel ist der deutsche Tourist ja ein Wohnmobilreisender und kein Dauercamper, so dass uns dieses Limit noch nie eingeschränkt hat.

Staatlicher Campground im Red Rock Canyon

Neben diesen staatlichen Campgrounds gibt es noch eine Unmenge von **privaten Campgrounds**.

Hier finden Sie meist komfortablere Campingplätze mit Duschen, kleinen Shops für die Grundversorgung, Laundry (= Waschautomaten), Wasser- und Stroman-schlüssen und anderen Annehmlichkeiten. Einige haben auch einen Pool oder einen Spielplatz. Die Preise einer Site können hier je nach Ausstattung stark variieren. Sie liegen in der Regel zwischen 20 $ und 50 $ (einige Plätze z. B. in der Nähe von Disney-land können bis zu 70 $ kosten, dies ist aber die ab-solute Ausnahme).

Plätze in Städten sind in der Regel teurer als auf dem Lande.

Wenn Sie auf einem privaten Campground stehen, werden Sie schnell die „Vorteile" dieser Plätze schät-zen lernen, z. B. die schreienden Kinder abends am Lagerfeuer, den Generator für den Fernseher nachts um 11 Uhr, den warmlaufenden Motor morgens um 5 Uhr. Amerikanische Campgrounds sind zwar auf gar keinen Fall mit den Ausmaßen europäischer Camp-grounds zu vergleichen (wer einmal auf einem Cam-pingplatz am schönen Rhein gestanden hat, weiß, wovon ich spreche), aber wir ziehen staatliche Camp-grounds vor.

Private Campingplätze sind an der Interstate durch ein Symbol gekennzeichnet. Sollten Sie vorab buchen wollen, finden Sie eine Auflistung vieler Campingplät-ze unter **www.camping-usa.com** und unter **www.reserveamerica.com**.

Privater Campground in Arizona

Neben Plätzen von Einzelanbietern gibt es noch zwei große Ketten von Campgrounds, die sogenannten KOAs (**www.koa.com**) und die Campgrounds des Good Sam Clubs (**www.goodsamclub.com**). Mit einer Mitgliedskarte sparen Sie 10 % des Campgroundpreises und haben zusätzliche Vorteile beim Kauf anderer Dinge in den Shops. Die Mitgliedschaft ist aber keine Vorraussetzung für die Buchung (**6.6**).

Die Campgrounds von KOA sind in der Regel sehr gepflegt und bieten einen gewissen Komfort. Sie befinden sich überall in der Nähe größerer Touristenattraktionen (**6.7**).

Eine Aufstellung kostenloser Campgrounds gibt es unter: **www.freecampgrounds.com**.

Noch ein Wort zum "**wilden Campen**" in der freien Natur oder anderswo. In manchen Staaten (z. B. Kalifornien) ist es generell verboten.

Grundsätzlich ist wildes Campen unter Beachtung des oben genannten 14 Days Limit auf öffentlichem Grund (Public Land) erlaubt, wenn es nicht explizit verboten ist, wie z. B. in Nationalparks oder in vielen National

Recreation Areas. Die bekanntesten Public-Land-Gebiete sind die National Forests und BLM-Land (Bureau of Land Management). Im Westen der USA decken diese beiden Verwaltungseinheiten riesige Gebiete ab, wobei die National Forests oft die Gebirgsregionen, BLM-Land eher die Täler umfassen. Schwieriger ist es in den dicht besiedelten Gebieten im Osten der USA und in Kalifornien westlich der Sierra Nevada, ordentliche öffentliche Flächen zu finden, die sich zum Campen eignen.

Doch wie erkenne ich als Durchreisender, dass ich mich nicht auf Private Land, sondern auf Public Land befinde? National Forests sind in den Karten eingezeichnet, an den Zufahrten passieren Sie entsprechende Hinweisschilder. Straßen heißen Forest Road (FR). Schwieriger ist das Erkennen von BLM-Land, vor allem, weil es öfters von Privatland unterbrochen ist, da die Täler einfach mehr privat genutzt sind. Oft, aber leider nicht immer passieren Sie Schilder wie „entering public land", „leaving public land" oder „your public land managed by Arizona Strip Field Office". Auch braune Wegweiser leiten den Reisenden immer zu öffentlichen Punkten. Und auch ein Trailhead bietet sich zum einmaligen Übernachten, weniger aber zum Campen an.

Befindet man sich auf Public Land, kann man auch getrost das Vorzelt und den Grill auspacken – don´t worry. Es ist erstaunlich, welche Horse Camps und Jagd Camps wir schon passiert haben und was die Leute alles mitschleppen. Der große Vorteil dieser Campingmethode: Sie sind allein. Kein Nachbar lässt den Generator abends laufen oder morgens um 5 Uhr den Motor des Trucks warmlaufen. Und ein weiterer angenehmer Aspekt, die Kosten belaufen sich auf 0$.

Häufiger bekommt man auch den Hinweis, dass man auf **Walmart-Parkplätzen** oder bei anderen Kaufhäusern übernachten kann. Allerdings darf man dann keine "Campingaktivitäten" entfalten (also keinen Stuhl vor die Tür stellen) und sollte vorher besser im Geschäft fragen. Dies ist aber aus meiner Sicht eine eher bescheidene Möglichkeit, von der ich nur abraten kann. Es herrscht hier immer Unruhe und aus meiner Sicht besteht auch ein Sicherheitsrisiko. Denn das Gefährlichste am wilden Campen ist der Mensch.

Im Notfall kann man die Parkplätze von Walmart nutzen, suchen Sie dazu einen Platz weit entfernt von der Hauptstrasse und der LKW-Anlieferung und möglichst unter einer Laterne, damit der Eindringling wenigstens gesehen wird. Denn verstecken können Sie sich ohnehin nicht.

Grundsätzlich ist bei der Standortwahl in der Wildnis für uns immer erste Wahl das Verstecken. Dann sollten aber möglichst nicht mehr als 2 oder 3 Autos vorbeikommen. Ist das nicht möglich, machen Sie sich öffentlich und für jedermann sichtbar. Oder suchen Sie besser einen anderen Platz.

Vermeiden Sie auch gut besuchte Ausflugsplätze, z. B. Viewpoints in der Nähe einer Stadt oder Bademöglichkeiten, da diese auch nachts begehrte Anlaufstellen für die Dorfjugend sind.

Grundsätzlich problematisch ist wildes Campen in Indianergebieten, denn diese unterscheiden nicht in Public und Private Land. Somit ist dort wildes Campen nicht erlaubt und Sie werden auf jeden Fall die Privatsphäre des Indianerstammes verletzen.

Als letzte Option bleibt Campen auf Privatland mit Erlaubnis des Besitzers. Vor allem in den einsameren Gegenden sind die Leute meist hilfsbereit und werden

Sie nicht gleich mit der entsicherten Waffe im Anschlag vertreiben. Wir versuchen aber möglichst die Privatsphäre zu respektieren und vermeiden diese Option.

Sind Sie in den **Saisonrandzeiten** (je nach Region im Herbst oder Frühjahr) unterwegs, sollten Sie sich auch über saisonale Öffnungszeiten von Campgrounds informieren. So ist z. B. der Yellowstone National Park zwar das ganze Jahr über geöffnet (jedenfalls der nördliche Zugang über Gardiner mit Mammoth Springs), dies gilt aber beileibe nicht für alle Campgrounds, denn die werden ab Mitte September geschlossen (**6.8**).

Übrigens: Wenn Sie eine Überführungsfahrt machen, kann es sein, dass Sie den RV im März in Chicago im Tiefschnee übernehmen. Sie müssen dann damit rechnen, solange in einem Hotel zu übernachten, bis Sie den Wagen mit Wasser auffüllen können (also ziemlich weit im Süden!). Für Frostschäden am Fahrzeug sind Sie nämlich alleine haftbar und müssen für die Kosten aufkommen. Dafür dürfen Sie dann aber kostenfrei auf dem Hotelparkplatz stehen (☺)!

6.1

Plätze in den großen Nationalparks wie z. B. Yellowstone oder Grand Canyon mit vielen Besuchern lassen sich auch vorbuchen. Sehen Sie unter **www.nps.gov** nach.

6.2

Wir haben einmal die Erfahrung gemacht, dass wir am Grand Canyon Nordrand keinen Platz mehr bekommen haben und in der Dämmerung fast bis nach Kanab zurückfahren mussten. Die Fahrt war eine unserer unschönen Erfahrungen, denn wir mussten uns auf der gesamten Strecke mit heftigem Wildwechsel herumschlagen. Dies war aber die absolute Ausnahme.

6.3

Die Bezahlung erfolgt meist an Automaten und nennt sich dann "Self Registration". Dafür sollten Sie immer ein paar kleinere Scheine parat haben, die Automaten wechseln nicht. Die Gebühr für die National- oder State Parks beträgt meist zwischen 10 $ und 20 $.
Auch an einigen privaten Campgrounds kann es Ihnen passieren, dass sie selber einchecken müssen, wenn Sie nämlich spät ankommen, also nach Ende der Öffnungszeiten des Office. Wir haben uns schon

auf Campgrounds eingecheckt, wo die Betreiber sogar in Urlaub waren und sich darauf verlassen haben, dass die Benutzer das Geld für die Übernachtung auch wirklich bezahlen (was wir selbstverständlich getan haben!).

6.4

Diese Feuerstellen benutzen wir so gut wie gar nicht zum Grillen. Sie sind sehr groß und erfordern schon ein ordentliches Feuer, um ein Steak darauf zu braten. Da wir nur zu zweit unterwegs sind, besorgen wir uns immer im Walmart einen kleinen Grill (Kosten ca. 5 $), den wir während des Urlaubs benutzen.
Die Feuerstellen eignen sich allerdings hervorragend in den nördlichen Regionen für ein zünftiges Lagerfeuer.

6.5

Für unseren ersten Wohnmobilurlaub sind wir gut vorbereitet (meinten wir) und haben unseren Vermieter nach einem nahegelegenen Campground gefragt. Doch schon die erste Frage des Managers auf dem Campground überfordert uns: "Do you want a Full Hookup?" Was ist das? Auf Nachfrage erfahren wir, dass wir beim Full Hookup einen Anschluss für Wasser, Strom und Abwasser erhalten. OK, unser RV hat alle diese Anschlüsse, also nehmen wir diesen Platz. Wir schließen alles an, und alles funktioniert auch tadellos. Allerdings ist der Platz deutlich teurer, als wir erwartet haben.

Wir bleiben in den ersten Tagen in der Nähe von Großstädten und damit auf privaten Plätzen. Und wir bezahlen eine Menge.

Dann erreichen wir den ersten Nationalpark. Auch hier wollen wir einen Platz mit Full Hookup buchen. Doch der Ranger erklärt uns mit einem wissenden Lächeln, dass der Park gar keine Plätze mit Full Hookup hat. Wo bleiben wir dann mit unserem Abwasser? Funktioniert unsere Toilette dann noch?

Der Ranger erklärt uns, dass es auf jedem Campground eine Dumping Station gibt, an der man die Tanks entleeren kann (manchmal gibt es diese sogar an ganz normalen Tankstellen). Und das Wohnmobil hat ziemlich große Tanks, für Frisch- und für Abwasser. Wir brauchen also gar kein Full Hookup, ein Platz mit Water und Electricity reicht völlig aus - und für einige Tage braucht man noch nicht einmal das. Das Wohnmobil ist völlig autark, zumindest solange die Tanks halten (unsere längste Standzeit waren später einmal fünf Tage im Arches National Park ohne Auffüllen oder Ablassen der Tanks).

Kühl- und Gefrierschrank und Heizung laufen mit Gas. Strom braucht man nur zum Kaffeekochen, und selbst das geht auch auf dem Herd mit aufgebrühtem Kaffee.

Batterien für die Kameras oder das Notebook lassen sich über Anschlüsse für den Zigarettenanzünder aufladen.

In der Folgezeit haben wir nur noch Plätze mit "water/electricity" genommen.

Informationen sparen also Geld. Und glauben Sie nicht, dass wir schon alles wissen. Wir machen auch immer wieder Fehler und lernen immer wieder dazu. Da hilft nur eines: fragen, fragen, fragen!

6.6

Einige Wohnmobilanbieter stellen Ihnen bei Buchung kostenlos eine Mitgliedskarte des KOA zur Verfügung. Ansonsten kostet die Mitgliedschaft 24 $ pro Jahr bei KOA und 25 $ pro Jahr beim Good Sam Club.

6.7

Sehen Sie sich bitte die Lage der KOAs vorher genau an. Entsprechende Lagepläne finden Sie auf der Internetseite **www.koa.com**. "In der Nähe" bedeutet in den USA nicht immer "dicht bei". So ist der KOA Carlsbad runde 45 Meilen (!) vom Höhleneingang der berühmten Caverns entfernt.

6.8

Wir haben einmal bei einer Überführungsfahrt im Oktober von New York nach Miami die Erfahrung gemacht, dass wir unsere Route stark nach den Öffnungszeiten der Campgrounds ausrichten mussten. Wir waren so fast den halben Urlaub "auf der Flucht", denn ab Mitte Oktober waren viele Plätze geschlossen. Das Schild mit der Aufschrift "closed for season" war unser ständiger Begleiter.

7. Routenplanung

Unsere heutige Routenplanung sieht vor, von Indio nach Lee Vining zu fahren. Wir wollen zum Mono Lake. Die Strecke beträgt 385 Meilen (620 km) und unser Navi plant knapp 6 Stunden für die Fahrt ein. Das ist schon recht anspruchsvoll, aber wir haben heute keine Besichtigungen eingeplant, und so sollte es eigentlich ganz bequem zu schaffen sein.

Wir starten nach dem Frühstück bei strahlendem Sonnenschein und knapp 20°C. Doch als wir die Autobahn bei San Bernardino verlassen, ziehen erste Wolken auf. Es wird immer dunkler und auf der Höhe von Victorville fängt es an zu schneien. Die Temperatur fällt auf schnuckelige 3°C ab. Der Schneefall wird immer dichter. Zuerst sehen die Flocken auf dem Lavagestein um uns herum noch recht malerisch aus, aber als das Schneetreiben immer dichter wird, werden wir doch ein wenig unruhig.

Wir kämpfen uns noch weiter bis Lone Pine, aber dann geben wir auf. An der Ranger-Station an der Abzweigung zum Death Valley biegen wir ab. Es sind uns schon eine ganze Weile keine Fahrzeuge mehr entgegengekommen, ein paar Räumfahrzeuge ausgenommen.

Auf dem Weg vom Parkplatz hinein in das Gebäude sind wir schon komplett eingeschneit. Der Ranger sieht uns dann auch etwas erstaunt an und fragt uns, wo wie herkommen. Wir erklären, woher wir kommen und wohin wir wollen. Seine Frage nach unserem Auto beantworten wir noch stolz mit "SUV", auch die Frage nach 4-Wheel-Drive können wir positiv beantworten, aber bei der Frage nach Schneeketten müssen wir passen.

Wir bekommen so langsam das Gefühl, als sei er der Meinung, völlig idiotische Touristen vor sich zu haben. Sein nächster Hinweis bestärkt unsere Vermutung. "It's better, you stay here in Lone Pine overnight!". Wir versuchen noch, ein wenig zu handeln. Ist es vielleicht möglich, ins Death Valley zu kommen? Ja schon, aber nicht von hier aus, dazu müsstet ihr ziemlich weit zurückfahren bis nach Indian Wells und er könne nicht garantieren, dass die Strecke noch frei sei - und von hier aus gehe es überhaupt nicht, da müsste man über eine Bergkette und die Straße sei schon geschlossen. Weiter bis Big Pine - nur mit Schneeketten, da geht es bis auf über 2000 m hoch.

OK! Überredet. Bleiben wir eben in Lone Pine.

Fazit:

Man kann noch so genau planen, gegen das Wetter ist man machtlos.

Doch man sollte bei seinen Planungen immer berücksichtigen, dass Straßen gesperrt oder nicht befahrbar sein könnten. Daher möglichst immer Alternativen im Hinterkopf haben und genaue Informationen über das Wetter und den Straßenzustand einholen.

⇨ ⇨ ⇨ ⇨ ⇨ ⇨ ⇨ ⇨ ⇨ ⇨ ⇨ ⇨ ⇨ ⇨ ⇨

Egal für welche Art der Reise durch die USA Sie sich entscheiden, ob im Mietwagen und im Hotel/Motel oder im Wohnmobil und auf Campgrounds, was Sie als Anfänger immer machen sollten, ist eine möglichst genaue Routenplanung.

Dazu gehört erst einmal die grundlegende Entscheidung, **was** Sie sich ansehen wollen. Möchten Sie eine Städtereise machen oder streben Sie eine Rundreise an. Wollen Sie viele Städte sehen oder lieber die Natur erkunden, beeindrucken Sie rote Felsen oder fühlen Sie sich in grünen Wäldern wohler?
Wollen Sie in den Norden, den Osten, den Westen oder den Süden der USA (**7.1**)?
Und natürlich ist auch der **Zeitfaktor** entscheidend. Wie viele Urlaubstage stehen Ihnen zur Verfügung? Wollen Sie 2, 3 oder 4 Wochen unterwegs sein? Klären Sie also zuerst einmal, **wohin** Sie reisen möchten.

* Städtereisen

Städtereisen haben ihre eigenen Gesetze. Grundsätzlich gibt es dabei kaum Unterschiede zwischen einer Stadt in Europa und einer in den USA. Sie werden wahrscheinlich während Ihres Aufenthalts nur ein Hotel buchen und nicht umziehen. Ob Sie einen Mietwagen buchen oder nicht ist von der Stadt abhängig (in New York ist er eher nutzlos, in Los Angeles unverzichtbar) und damit von den Möglichkeiten, die die öffentlichen Verkehrsmittel bieten. Neben New York bieten sich noch San Francisco, Boston und auch Chicago für eine Städtereise an. Wollen Sie ein wenig das Umland dieser Städte kennenlernen, sollten Sie schon einen Mietwagen nehmen. Es bietet sich aber auf alle Fälle an, außerhalb zu parken und mit öffentlichen Verkehrsmitteln in die eigentliche Innenstadt zu fahren - es sei denn, Sie planen eine Immobilienanlage und wollen das Parkhaus kaufen(!).

Tipp: Achten Sie darauf, dass das von Ihnen gebuchte Hotel über (möglichst kostenfreie) Parkplätze verfügt, wenn Sie einen Mietwagen buchen sollten. Sonst kann es Ihnen leicht passieren, dass Ihr Parkplatz mehr kostet als Ihr Hotelbett.

Eine Ausnahme bei Städtereisen stellt Los Angeles dar. Es ist aus meiner Sicht eigentlich keine Stadt, sondern eine Ansammlung von vielen einzelnen Orten, die sich über eine riesige Fläche ausdehnen. So sind es von Long Beach nach Hollywood ca. 50 km, von Santa Monica nach Yorba Linda (dort befindet sich die Richard Nixon Presidential Library and Museum) 80 km. Ohne Auto geht da gar nichts, zumal die öffentlichen Verkehrsmittel nicht gerade weit verbreitet sind.

- Der Osten

Der Osten mit den Neuenglandstaaten und Florida bietet die Möglichkeit, sich an die USA heranzutasten. Besonders Boston ist eine "europäische" Stadt. Durch die kürzeren Flugzeiten etwa nach Boston oder New York kann man hier auch in 14 Tagen eine Menge sehen und erleben.
Allerdings ist die gesamte Ostküste der USA stark besiedelt, die berühmte Einsamkeit werden Sie hier kaum finden. Was Sie allerdings finden, sind in unglaublicher Zahl äußerst sehenswerte weltberühmte Museen.

Florida bietet auch die Möglichkeit, einen kürzeren Urlaub zu machen. Zwar sind die Flugzeiten hier genauso lang, wie bei einem Flug in den Südwesten, man hat aber eine geringere Zeitverschiebung und der Jetlag ist nicht so ausgeprägt. In Florida sind die Entfernungen insgesamt kürzer, man kann also in kürzerer Zeit mehr sehen.

Wir haben sogar schon Reisende getroffen, die nur für eine Woche nach Florida geflogen sind. Ob sich in diesem Fall aber die Flugkosten rechnen, liegt am eigenen Geldbeutel und an der Airline.

- Der Südwesten

Der Südwesten bietet unglaubliche Landschaften und viele bekannte Höhepunkte. Da schwirren gleich Bilder durch den Kopf vom Grand Canyon und vom Monument Valley, von den berühmten Geysiren im Yellowstone Nationalpark oder von der Golden Gate. Wir sehen im Geiste das Hollywood Schild über Los Angeles oder die Strandschönheiten von Baywatch. Hier gibt es auch die Möglichkeit, Berge mit Meer zu kombinieren, Wüste mit Strandurlaub. Allerdings bietet der Südwesten so viele Sehenswürdigkeiten, dass sie nicht alle in einen Urlaub passen. Wenn Sie dies versuchen sollten (Anfänger neigen dazu - das war bei uns nicht anders - wir sind in unserem ersten Amerikaurlaub über 8000 km (!) in 5 Wochen gefahren), werden Sie viel sehen - und an noch mehr vorbeifahren.

Planen Sie deshalb eine Rundreise durch den Südwesten besonders gründlich. Ich kann Ihnen nur raten, sich nicht zu viel vorzunehmen. Hier gilt der alte Leitspruch "weniger ist mehr" ganz besonders. Entscheiden Sie sich im Zweifelsfall lieber dafür, eine Attraktion wegzulassen und sich eine andere dafür gründlicher anzusehen. Und planen Sie ein wenig Zeit für eine kleine Wanderung ein. So kann man z. B. den Bryce National Park sicher an einem Tag von Aussichtspunkt zu Aussichtspunkt "erfahren", wenn Sie aber in den Canyon hinuntergewandert sind, werden Sie Einblicke erhalten, die Sie nie wieder vergessen werden.

Wenn das **wohin** geklärt ist, sollten Sie sich mit der Frage des **wann** beschäftigen. Tun wir einmal so, als könnten Sie die Zeit frei wählen (es ist mir klar, das dies nicht immer so sein wird, manchmal hat der Chef da ein Mitspracherecht, manchmal auch die Schulferien).
Ein wichtiger Aspekt der Planung sollte das Wetter sein, Hurrikan-Saison in Florida oder Hochsommer in den Wüsten Arizonas sind keine idealen Reisezeiten. Auch der November in Colorado ist häufig eine Garantie für kalte Füße, es sei dann, Sie wollen Ski laufen.

Die **Hauptsaison** (7.2) bietet den Vorteil, dass alles geöffnet ist. Zudem finden in dieser Zeit viele Festivals statt. Leider sind in dieser Zeit aber auch die Amerikaner unterwegs, so dass es an einigen Orten schon recht voll werden kann.
Zudem sind die Temperaturen in einigen Teilen der USA im Sommer recht hoch. Dies kann zu Einschränkungen Ihrer Reiseroute führen. Das Death Valley darf im Sommer z. B. mit gemieteten Wohnmobilen nicht befahren werden.

In der **Nebensaison** sind nicht alle Campgrounds und vor allem nicht alle Straßen geöffnet, besonders in den nördlichen Landesteilen. So kann z. B. der Tioga Pass, der Eingang in den Yosemite National Park von Osten her, schon recht früh im September geschlossen sein (7.3). Je nach Region finden aber einige

Events wegen zu hoher Temperaturen im Sommer gerade in dieser Zeit statt. Wenn Sie im Südwesten, speziell in Arizona und New Mexico unterwegs sind, werden Sie feststellen, dass es viel leerer ist und Sie keine Probleme bei der Suche nach Campgrounds haben. Außerdem gelten mancherorts die günstigeren Nebensaisontarife. Fahrten ins Death Valley sind ohne Hitzeprobleme möglich und spezielle Ereignisse, wie z. B. die Laubfärbung im Nordosten ("Indian Summer") oder die Kakteenblüte im Organ Pipe Cactus National Park finden Sie überhaupt nur in der Nebensaison.

Wenn Sie also eindeutig geklärt haben, wann, wie und wohin Sie reisen wollen, geht jetzt die eigentliche Arbeit erst los - die konkrete Planung steht an.

Nun gehen Sie aber bitte nicht ins Reisebüro oder ins Internet, sehen sich die Seiten einer **Busrundreise** (vielleicht im Katalog) an und nehmen sich dann vor, diese **genau nachzufahren** (**7.4**). Natürlich können Sie sich aber Anregungen holen.

Reiseveranstalter planen nicht **Ihren** Urlaub, sondern wollen Gewinn machen. Für die eigentlichen Sehenswürdigkeiten bleibt oft nur wenig Zeit, die Fahrten im Bus sind lang, die Pausen kurz, damit möglichst viel "abgeklappert" werden kann.

Mir wird immer ganz schwindelig, wenn ich diese Routen ansehe.

Da wird dann angeboten, den ganzen Südwesten in 14 Tagen kennenzulernen. Fahrtstrecke knappe 2350 Meilen, da sind dann aber der 1. Tag mit den Hinflug und der letzte Tag mit dem Rückflug mit eingerechnet. Macht netto 12 Tage für die Rundfahrt, also mal eben 200 Meilen pro Tag oder 320 km. Das mag auf den ersten Blick nicht so viel erscheinen, aber rechnen Sie die Zeit dazu, die eine ganze Gesellschaft braucht, um in einen Bus zu steigen, die Koffer zu verstauen, auf die Zuspätkommer zu warten, zuzüglich der Pausen an Rastplätzen usw., usw. Dazu kommt noch, dass ein Bus länger für eine Strecke braucht, als ein Mietwagen. Auf einer solchen Reise ist dann frühes Aufstehen im Preis inbegriffen (**7.5**).

Wie kommt man aber nun zu einer guten Planung?

Am einfachsten fangen Sie mit einer **Karte** an. Sehen Sie sich die Gegend an, in die Sie reisen möchten (**7.6**). Sicher haben Sie schon eine grobe Vorstellung davon, was Sie sehen wollen. Haben Sie etwa schon immer vom Grand Canyon geträumt, wollen Sie unbedingt die roten Felsen im Monument Valley sehen oder haben Sie das Bild der Golden Gate Bridge immer vor Augen. Summen Sie mit Udo Jürgens mit, wenn er erzählt, dass er noch niemals in New York war, oder möchten Sie in Las Vegas spielen? Oder ist es Ihr Traum, die Route 66 entlangzufahren?

Tragen Sie diese Ziele auf Ihrer Karte ein (**7.7**) und berechnen Sie die Strecke zwischen diesen Punkten. Auf der Karte werden Sie dann entdecken, dass zwischen diesen Punkten noch andere Sehenswürdigkeiten liegen. Wenn Ihnen diese nichts sagen, googeln Sie im Internet die Bilder dazu.

So entsteht langsam eine Route. Machen Sie sich der Einfachheit halber am besten eine **Liste**. Wie viele Tage stehen zur Verfügung (tragen Sie hier auch die **Wochentage** ein, damit Sie möglichst nicht an einem Wochenende an einer touristisch überlaufenen Attraktion wie z. B. dem Skywalk am Grand Canyon West landen), wo wollen Sie übernachten (im Südwesten gibt es nicht überall Ortschaften, die über ein Hotel oder einen Campground verfügen), welche Dinge wollen Sie sehen und wie lange benötigen Sie für die Besichtigung. Planen Sie Ihre Übernachtungen am besten so, dass Sie am Abend ankommen (**7.8**). Am nächsten Morgen haben Sie dann Zeit, das Ziel zu erkunden. Ist Ihre Liste fertig, sollten Sie sie auf

Google Maps bearbeiten und gegebenenfalls korrigieren. Diese frei zugängliche Internetseite bietet eine einfache Routenplanung mit Entfernungen und Fahrzeiten. Sehen Sie sich dabei auch die Straßen einmal genauer an. Es klingt vielleicht lapidar, aber auf der Interstate sind Sie sehr viel schneller unterwegs, als auf kleineren Nebenstraßen. Wenn Sie einen Fotoapparat dabeihaben, denken Sie daran, dass auch jede Fotopause Zeit beansprucht.

Und die Fahrt mit einem Wohnmobil dauert länger als die mit einem Mietwagen (**7.9**).

Beziehen Sie auch die **Länge der Tage** in Ihre Kalkulation mit ein. Im Mai haben Sie wesentlich länger Tageslicht als im Oktober oder November.

Nocheinmal der Hinweis: Nehmen Sie sich **nicht zuviel** vor. Verabschieden Sie sich von dem Gedanken, in drei Wochen alles sehen und erkunden zu können. Lassen Sie lieber den einen oder anderen Nationalpark ganz weg und sehen sich dafür einen anderen intensiver an.

Meine **Faustregel** lautet: nie mehr als 200 km pro Tag **im Schnitt** planen. Auch das bedeutet schon, dass Sie an dem einen oder anderen Tag eine größere Strecke zurücklegen können (oder müssen). Oder planen Sie einfach "reine" Fahrtage ein, an denen Sie eine längere Strecke zurücklegen.

Lassen Sie bei Ihrer Planung immer **zwei oder drei Tage ungeplant**, damit Sie genügend Zeit für unvorhergesehene Sehenswürdigkeiten und Erlebnisse haben, oder damit Sie einfach nur einmal irgendwo länger bleiben können, weil es Ihnen gut gefällt.

Wenn Sie meinen, Ihre Planung fertig zu haben, können Sie diese auch auf verschiedenen Internetseiten im Chat diskutieren.

Oder Sie holen sich Anregungen in den vielen Reiseberichten, die sich im Internet finden (**7.10**).

7.1

Die USA sind ein halber Kontinent!
Bedenken Sie dies bitte bei Ihrer Planung. Sie fahren nicht eben mal an einem Tag von Key West nach New Orleans (ca. 1000 Meilen und geschätzt 15 Stunden Fahrzeit) und selbst die Strecke von Los Angeles nach San Diego (nur 121 Meilen) kann, wenn Sie etwas sehen wollen oder von Seelöwen aufgehalten werden, die einfach so am Strand liegen und darauf warten, von Ihnen fotografiert zu werden, einen ganzen Tag dauern. Die "reine Fahrzeit" fällt da kaum ins Gewicht.
Für eine bessere Vorstellung der Entfernungen empfehle ich Ihnen folgende Seite:
www.us-infos.de/fakten-entfernung.html

7.2

Die amerikanische Hauptsaison ist zwischen Memorial Day (letzter Montag im Mai) und Labor Day (erster Montag im September). Sollten Sie an diesen Tagen, die immer mit einem verlängerten Wochenende in den USA einhergehen, unterwegs sein, planen Sie diese Tage besonders sorgfältig. Buchen Sie unbedingt das Hotel oder den Campground vor.

7.3

Über die Straßenverhältnisse kann man sich allgemein unter der folgenden Internetseite informieren: **www.info.com/road%20conditions%20usa?** Speziell über den Tioga Pass gibt es Infos unter: **www.nps.gov/yose/planyourvisit/conditions.htm**.

7.4

Wenn Sie einen Eindruck haben wollen, was Sie während einer Rundreise im Bus von der Landschaft sehen und wie viel Zeit Ihnen für die einzelnen Punkte bleibt, empfehle ich Ihnen das Buch von Ruth Gorgosch: Reise in den Wilden Westen Amerikas.

7.5

Sollten Sie es noch nicht gemerkt haben, ich bin kein Fan von Pauschalreisen. Die straffen Zeitpläne sind nichts für mich. Aus meiner Sicht eignen sie sich nur für Personen, die **gar kein** Englisch sprechen oder die keine Zeit oder keine Lust haben, ihre Reise selber zu planen.

7.6

Bevor Sie sich mit vielen Einzelkarten herumschlagen, kann ich Ihnen nur empfehlen, sich den Rand McNally Road Atlas Large Scale zu kaufen. Dieser ist im Buchhandel erhältlich. Jeder Bundesstaat hat dort eine eigene Seite und die wichtigsten Sehenswürdigkeiten sind eingezeichnet. Darüber hinaus bietet der ADAC gutes Kartenmaterial für Mitglieder an.

Später vor Ort können Sie mit einem Mitgliedsausweis des ADAC oder des ACE bei den örtlichen AAA-Agenturen (= American Automobile Association) kostenlos Straßenkarten erhalten.

7.7

Falls Sie noch gar keine Ideen haben, was Sie sich ansehen wollen, kann Ihnen diese Karte mit den Highlights weiterhelfen: **www.usa-reise.de**. Dort finden Sie in der Rubrik "interaktiv" eine Highlightkarte mit den Sehenswürdigkeiten der USA.

Eine weitere Möglichkeit, die wir gerne nutzen, sind die Hinweise auf der Seite des **www.tripadvisor.de**. Dort finden Sie unter "Sehenswürdigkeiten" alles Sehenswerte einer Stadt oder Region.

7.8

Wenn Sie z. B. zum Skywalk am Grand Canyon West wollen, können Sie diesen von Las Vegas aus anfahren, oder Sie übernachten bei den Grand Canyon Caverns und sind am nächsten Morgen lange vor den Besucherströmen da.

Skywalk am frühen Morgen

Skywalk, nachdem die Busse angekommen sind

7.9

Wohnmobile sind nicht schnell! Fahren Sie am Limit, können Sie gleich einen Tankwagen hinter sich herziehen, die Füllstandsanzeige wird rasant dem "E" (für "empty") entgegenrasen. Außerdem sind sie seitenwindempfindlich - schnelles Fahren macht einfach keinen Spaß.

Seiten zum Stöbern:

www.tripadvisor.de
www.westernladys-world.net
www.lalasreisen.de
www.zehrer-online.de/
www.wernthaler.de
www.synnatschke.de
www.nps.gov
www.usa-reise.de/
www.usa.de
www.usa-reiseland.de
www.natures-gallery.de

Noch ein kleiner Hinweis: nicht alle Seiten im Internet werden regelmäßig aktualisiert. Achten Sie beim Stöbern immer auch ein wenig auf das Datum des Beitrags.

8. Einkaufen

Wir sind das erste Mal in den USA und auch das erste Mal in einem Supercenter von Walmart. Schier erschlagen von den vielen Angeboten und den langen Reihen mit Artikeln, die uns alle mehr oder weniger nichts sagen, versuche ich, meine Einkaufsliste abzuarbeiten.

Hilfreich sind dabei die großen Schilder über den einzelnen Gängen, denn nur nach Gefühl kann man hier nicht einkaufen.

Es fängt schon beim Kaffee an. Die vielen Sorten sind unterschiedlich gemahlen. Welche ist die richtige für einen Urlaub im Wohnmobil. Und wo sind die Filtertüten - und welche Größe passt in den Filter der Kaffeemaschine?

Gemüse ist einfach, die Abbildungen auf den Dosen helfen ungemein. Milch stellt da schon ein größeres Problem dar. Wir finden ein paar Tetrapacks, auf denen "milk" steht, aber auf der Rückseite finden wir eine Aufschrift "absolutely milk-free". Was haben wir da in der Hand? Und wo ist die "richtige" Milch? Endlich finden wir sie im Kühlregal, aber in welchen Mengen. Half Gallon sind fast 2 Liter. Na gut, unser Kühlschrank im Wohnmobil ist groß genug. Überhaupt, diese Mengen. Alle Packungen sprengen unsere deutschen Vorstellungen.

Ketchup und Joghurt sind einfach, Käse schon wieder ein Problem. Naja, kein richtiges Problem, Camembert ist nur sehr teuer und der Hartkäse hat eine ungewöhnliche Farbe, so tief orange. Aber er wird schon essbar sein. Quark suchen wir vergeblich, dafür gibt es gefühlte 100 verschiedene Sorten Philadelphia Frischkäse, von süß bis herzhaft.

Cerealien - eine Riesenauswahl. Ein ganzer Gang nur mit Frühstückscerealien. Und alle schön bunt.

Nudeln, einfach, Tomatensauce, im Glas, auch einfach. Vielleicht noch ein wenig Gulasch aus der Dose für eine schnelle Mahlzeit. Da ist ein ganzer Stapel als Sonderangebot aufgebaut. Irgendwie habe ich Angst, eine Dose zu nehmen. Mir kommt die Werbung in den Sinn, wo solch ein Stapel zusammenbricht und durch den Supermarkt rollt. Aber ich habe Glück und es gelingt mir, zwei Dosen in den Einkaufswagen zu befördern. Der Name sagt uns zwar nichts, aber die Abbildung sieht nach gutem Gulasch aus.

Claus hat sich eigentlich auf ein Bier heute Abend gefreut, aber wir finden keins. Halt, da in der Ecke stehen noch ein paar Flaschen, die nach Bier aussehen. Root Beer steht auf dem Etikett. (Wir sollen erst später feststellen, dass es sich dabei absolut nicht um Bier handelt, sondern um einen gewöhnungsbedürftigen Softdrink, für mich eine Mischung aus Cola und Hustensaft - eklig!)

Noch durch die Obstabteilung (ganz einfach, Äpfel sehen auch in Amerika wie Äpfel aus, außer, dass sie poliert zu sein scheinen), dann geht es zur Kasse. Wir müssen ein wenig warten und sehen uns noch einmal an, was wir so eingekauft haben. Der beste Ehemann von allen hat die Gulasch-Dose in der Hand. Plötzlich verfärbt sich sein Gesicht. Er prustet los, ist nicht ansprechbar. Hält mir nur die Dose entgegen und deutet immer wieder auf die Aufschrift auf der Rückseite: "Your Cat will like it!"

Da haben wir doch wohl Katzenfutter gekauft.

⇨ ⇨ ⇨ ⇨ ⇨ ⇨ ⇨ ⇨ ⇨ ⇨ ⇨ ⇨ ⇨ ⇨ ⇨

Eigentlich gehören die nächsten Kapitel streng genommen nicht zu einer Planung. Trotzdem habe ich
mich entschlossen, Ihnen noch ein paar Hinweise zu
geben.
Wir haben nämlich immer wieder festgestellt, wie
stark unsere Einkäufe in Deutschland von Marken
geprägt sind. Tempos als Synonym für Papierta-
schentücher, Tesa für durchsichtiges Klebeband oder
Nutella als Bezeichnung für jede Art von Nuss-
Nougat-Creme sind nur einige Beispiele dafür.
Genauso verhält es sich mit den Geschäften. Wir
wissen genau, welche Waren wir bei Rewe, bei C&A,
Bauhaus oder Rossmann bekommen. Fehlt diese
Orientierung in einem fremden Land, vergeudet man
häufig wertvolle Urlaubszeit mit der Suche nach dem
richtigen Geschäft.

Wenn Sie bis jetzt schon ein wenig auf den angegebenen Internetseiten mit Urlaubsberichten gesurft
sind, werden Sie immer wieder auf einen Namen sto-
ßen: **Walmart**.
Dies sollte bei einem Einkauf mit einem Wohnmobil
Ihre erste Anlaufstelle sein. Vielleicht kennen Sie noch
die Walmarts, die es eine zeitlang in Deutschland gab.
Diese sind/waren von der Größe her nicht vergleichbar mit denen in den USA (**8.1**). Walmart unterscheidet zwischen Supercenter und Neighborhood Market.
Letztere sind kleiner und haben nicht alle Waren, fahren Sie also ein Supercenter an (**8.2**).
Neben den benötigten Lebensmitteln bekommen Sie
hier aber auch "Electronics" (z. B. Navigationsgeräte),
"Outdoors" (Campingstühle, Kühlbox, Campinggrill),
Drogerieartikel (Sonnencreme, Insektenschutz) oder

auch "Gifts", also kleinere Urlaubssouvenirs. Oder wie wär's mit einem besonderen T-Shirt für zu Hause?

All dies, außer Lebensmitteln, bekommen Sie auch bei Target oder beim Kmart.

Ein Walmart Supercenter in Las Vegas

Reine Lebensmittelgeschäfte, also **Grocery Stores**, etwa vergleichbar mit Edeka oder Rewe, sind Safeway, Albertsons, Publix , King Soopers oder Kroger. Einige dieser Geschäfte operieren mit **Kundenkarten**. Wenn Sie im Besitz einer solchen Karte sind, bekommen Sie in den Geschäften wechselnde verschiedene Waren als Sonderangebote zu sehr günstigen Preisen (**8.3**).

Darüber hinaus gibt es noch Ketten wie Food4less oder Trader Joe's.
Food4less bietet "gelbe" Ware an, etwa vergleichbar mit der deutschen weißen Ware, d. h. keine Markenwaren, sondern Waren aus eigener Produktion zu Discountpreisen. Trader Joe's ist eine Kette, die zum Aldi Konzern gehört und ebenfalls No-Name-Produkte

anbietet, allerdings hochpreisiger als Food4less, aber auch qualitativ besser und stark an "bio" orientiert. (**8.4**).

Fast an jeder Straßenecke finden sich die sogenannten **Drugstores**. Dies sind nicht, wie der Name vielleicht vermuten lässt, reine Apotheken, sondern sind eher mit unseren Drogeriemärkten vergleichbar. Die bekannteste Kette ist Walgreens.

Ein Walgreens Store, meist an Straßenecken zu finden

Dort bekommen Sie alle Drogerieartikel und nicht verschreibungspflichtige Arzneimittel, darüber hinaus aber auch Getränke, Telefonkarten (**8.5**), Souvenirs und Knabbereien. Außerdem finden Sie, meist im hinteren Bereich, eine Apothekenecke mit ausgebildetem Personal für verschreibungspflichtige Arzneimittel (**8.6**).

Weitere Ketten sind CVS Pharmacy und Rite Aid.

An vielen dieser Ladenketten werden Sie bei den Öffnungszeiten den Hinweis 7/24 sehen, was nichts anderes bedeutet, als dass diese Geschäfte an 7 Tagen in der Woche 24 Stunden geöffnet sind (**8.7**).

Wenn Sie Kleidung kaufen wollen, werden Sie aber eher ein Einkaufszentrum oder eine **Mall** aufsuchen. Diese Malls haben an den Endpunkten meist große Kaufhäuser, wie z. B. Macy's, Sears, Bloomingdales oder Nordstrom, in der Mitte befinden sich viele unterschiedliche Marken- und Spezialgeschäfte. Meist sind die Malls überdacht, klimatisiert und weitläufig, weshalb an jedem Eingang ein Lageplan ausgehängt ist. Eine Besonderheit in amerikanischen Einkaufszentren sind die sogenannten **Food Courts**. Diese sind eine Ansammlung von Selbstbedienungs-Restaurants verschiedenster Art in einem zentralen Bereich. In der Mitte befinden sich meist schön dekorierte Sitzgelegenheiten. Dort hat man die Qual der Wahl.

Diese Food Courts bieten neben dem Angebot bekannter Ketten auch eine Vielzahl von regionalen Gerichten und sind aus meiner Sicht eine schöne Abwechslung zu McDonald's. Man kann sich dort in aller Ruhe erst einmal umsehen und die Teller der anderen Gäste (unauffällig) inspizieren (**9.5**).

Food Court in Victorville

Was für Europäer ungewöhnlich ist, ist, dass in den Geschäften (außer bei Lebensmitteln) die Preise **Nettopreise** sind, d. h., an der Kasse kommt **immer** noch die Verkaufssteuer (**Sales Tax**) hinzu, die nicht gesondert ausgeschildert ist, da sie von Bundesstaat zu Bundesstaat variiert und ca. 3 - 7 % beträgt. Einige Bundesstaaten haben keine Sales Tax, z. B. Oregon und Montana. Dazu können noch in bestimmten Städten und Counties lokale Zuschläge anfallen (**8.8**).

Wie Sie es sicher kennen, werden Sonderangebote auch in den USA mit dem Hinweis "Sale" gekennzeichnet (mir fällt dabei immer eine ältere Dame ein, deren Englischkenntnisse gering waren und die uns erklärte, dass das Kaufhaus "Sale" jetzt auch in Deutschland Filialen unterhalten würde). Preisnachlässe gibt es zu allen Gelegenheiten und Saisonzeiten. Die Amerikaner sind dabei im Erfinden eines Grundes unglaublich einfallsreich. Manchmal konnten wir übrigens kaum glauben, welche Preisnachlässe dort ausgezeichnet waren.

Dies gilt besonders für die **Factory Outlets**, die zahlreich zu finden sind. In den USA sind dies regelrechte Ausflugsziele, die häufig etwas außerhalb großer Städte an der Interstate liegen und neben denen sich nicht selten auch gleich Übernachtungsmöglichkeiten befinden.

Die zurzeit größte Mall dieser Art ist die "**Mall of America**", die zwischen den sogenannten Twin Cities Minneapolis und St. Paul in Minnesota liegt. Stöbern Sie ruhig einmal unter <u>mallofamerica.com</u>. Sie finden dort neben den Geschäften auch Attraktionen wie ein Aquarium, Kinos und ein Comedy Theater. Mehr als 42 Mio. Besucher gehen hier jedes Jahr in den mehr als 520 Geschäften einkaufen.

Bei diesem riesigen Angebot kann man schnell einmal die Zollgrenzen und die Kofferkapazitäten für die Rückreise vergessen (**8.9**).

Zum guten Schluss noch ein **Hinweis** auf eine besondere Geschäftskette.

Wir versuchen nach Möglichkeit auf jeder Reise einmal in einem **Bass Pro Shop** vorbeizuschauen.

Der Outdoor Store ist nicht nur eine hervorragende Quelle für alles, was im weitesten Sinne mit dem Bereich "outdoor" zu tun hat (Kleidung, Schuhe, Grill- und Campingausrüstung), sondern ist ein Erlebnis an sich.

Allein schon die Dekoration des Ladens rechtfertigt einen Besuch. Neben kämpfenden Elchen oder neugierigen Bären (ausgestopften natürlich) erwarten Sie auch Löwen, Aquarien und Wasserfälle.

Die einzelnen Geschäfte finden Sie unter: **www.basspro.com**

Typischer Eingansbereich eines Bass Pro Shops (hier in Las Vegas)

8.1

Machen Sie sich einen Einkaufszettel und gehen Sie Reihe für Reihe ab. Sonst geht es Ihnen wie dem Herrn, den wir einmal beim Einkaufen getroffen haben. Er stand völlig verzweifelt vor einem Regal und murmelte vor sich hin: „I need a GPS in this store, I got lost!"

8.2

Sie finden das nächstgelegene Supercenter im Internet unter **www.walmart.com**. Ganz oben auf der Seite befindet sich der Store Finder. Wenn Sie den anklicken, können Sie nach ZIP Code (= Postleitzahl) oder Stadt suchen. Geben Sie z. B. den Zip Code der Vermietstation oder des Hotels an. Dann erhalten Sie Adressen und eine interaktive Karte, wo Sie sich die Lage genau ansehen können. Auch die genaue Anschrift für Ihr Navi ist angegeben.

8.3

Kundenkarten erhalten Sie kostenlos an den Kundeninformationen (Customer Services) im Eingangsbereich der Geschäfte. Sie füllen nur kurz ein Formular aus und erhalten danach sofort für den ersten Einkauf Ihre Kundenkarte.

Trader Joe's Grocery Store von außen ...

... und von innen, hier mit einem der häufigen Probierstände

Trader Joe's kann ich Ihnen nur empfehlen. Der Einkauf in diesen Geschäften ist ein Erlebnis. Sie finden hier neben dem normalen Warenangebot auch Probierstände sowie besondere Ökowaren. Da Trader Joe's zur Aldi-Gruppe gehört, finden Sie hier keine (amerikanischen) Markenwaren. Aber diese sagen uns normalerweise sowieso nicht so viel.

8.5

Wir kaufen uns bei Walgreens immer eine Prepaid Telefonkarte im Wert von 20 $ für "international calls". Damit können Sie von jedem öffentlichen Telefon (also auch von Ihrem Hotelzimmer aus) mittels einer 1-800 oder 0-800 Nummer ohne **zusätzlich** anfallende Gebühren nach Deutschland telefonieren. Die Kosten sind wesentlich günstiger, als wenn Sie Ihr Handy (welches, aber das wissen Sie bestimmt schon, in den USA übrigens "Cellphone" heißt) benutzen. Die Telefonkarte reicht bei uns meist für zwei Urlaube und wir telefonieren häufig mit Deutschland. Weitere Hinweise zum Thema Telefon finden Sie unter **Telefonieren**

8.6

Auch beim Walmart oder in vielen anderen Geschäften finden sich solche Apothekenecken. Sollten Sie einmal verschreibungspflichtige Arzneimittel benötigen, so werden Sie sich wundern, dass Sie hier keine Packungen bekommen, sondern nur abgepackte Döschen, auf denen neben Ihrem Namen nur noch die verordnete Dosierung steht. Beipackzettel für die Patienten sind in den USA unbekannt.

8.7

In den USA gibt es kein Ladenschlussgesetz. Jedes Geschäft kann so lange geöffnet haben, wie es möchte. Während viele Geschäfte länger geöffnet haben, sind öffentliche Einrichtungen (z. B. die Post, Banken) recht kurz oder auch nur zu ähnlichen Zeiten geöffnet, wie wir es aus Europa kennen.

8.8

Nähere Angaben finden Sie unter:
www.tripadvisor.com/Travel-g191-c1484/United-States:Sales.Tax.html

en.wikipedia.org/wiki/Sales_tax_in_the_United_St ates

8.9

Zollbestimmungen finden Sie detailliert unter:
www.zoll.de
Und vergessen Sie nicht, die Gepäckbestimmungen Ihrer Airline zu kontrollieren!

9. Essen gehen

Wir waren den ganzen Tag unterwegs. Nach einem nicht sehr umfangreichen Frühstück im Hotel ging unsere Fähre nach Alcatraz schon am frühen Morgen los. Nach der Führung und nach der Rückfahrt auf einem Boot, auf dem es noch nicht einmal Getränke gab, haben wir "Kohldampf". Es muss etwas zu essen her. Am Anleger scheinen die örtlichen Restaurants auf diesen Notstand eingerichtet, aber die Preise sind auch dementsprechend hoch. Da sehen wir einen jungen Mann, der Handzettel von einer Pizzeria verteilt. Da diese nur eine Querstraße weiter liegt, entscheiden wir uns spontan für einen Besuch. Wir werden ge"seated" und bekommen die Speisekarte gereicht. Die Preise sind moderat und da wir ziemlichen Hunger haben, entscheiden wir uns für die Pizza Supreme large, zweimal.

*Als uns die Bedienung ungläubig ansieht, wird uns sofort klar, dass wir uns mal wieder als ausländische Touristen geoutet haben. "Erwarten Sie noch jemanden?", ist die nächste Frage. Wir verneinen, sie lacht. Dann macht sie uns ein Angebot: "OK. Ich bringe euch zwei kleine Pizzen, und wenn ihr die aufesst, bekommt ihr von mir soviel Pizza umsonst, wie ihr noch essen könnt! Wir sind einverstanden und sie entschwindet. Während wir noch auf unsere Pizza warten, betritt eine Großfamilie das Restaurant. Offensichtlich Großeltern, Eltern und drei Kinder. Wir hören, wie sie "**one** Pizza large" ordern. Unsere Bestellung kommt und die Pizzen sind riesig! Wir kämpfen mit den fein säuberlich geteilten Stücken, da wird am Nebentisch serviert. Es erscheint - ein Wagenrad. Noch nie in meinem Leben habe ich eine so große Pizza gesehen. Und sie scheint für die ganze Gesellschaft zu reichen. Ich muss nicht erwähnen, dass wir* unsere Portion nicht schaffen. Aber die Bedienung bekommt ein großzügiges Trinkgeld von uns.

Fazit:

Die Portionen in den USA sind meist für deutsche Mägen zu groß. Sehen Sie sich vor der Bestellung mal vorsichtig um und beobachten Sie, was so an den Nebentischen serviert wird. Häufig haben wir uns auch für die Variante entschieden, erst mal eine Portion zu bestellen und gegebenenfalls nachzuordern.

Besonders groß sind die Portionen übrigens bei Truck Stops.

Und noch ein **Tipp**: Wenn in Kleinstädten ein Polizeiwagen oder die Feuerwehr vor dem Restaurant stehen, ist dies ein sicheres Zeichen für gutes Essen. Die Sheriffs kennen ihre Stadt.

Frühstücksomelett mit Bratkartoffeln

⇨ ⇨ ⇨ ⇨ ⇨ ⇨ ⇨ ⇨ ⇨ ⇨ ⇨ ⇨ ⇨ ⇨ ⇨

Amerikaner essen nur Fastfood!
Es gibt keine guten Restaurants in den USA!
Die Amerikaner essen ungesund!
Amerikanische Restaurants sind teuer.
Die Portionen in den Restaurants sind groß.

Sicher haben Sie dies schon alles einmal gehört - und
es stimmt und es stimmt nicht.

Wenn Sie jemanden treffen, der Ihnen nach einem
USA-Aufenthalt erzählt, dass es dort nur Fastfood
gibt, kann dies nur daran liegen, dass der Betreffende
nicht genau gesucht hat oder nur auf die entsprechenden Ketten fixiert war, zumal diese auch preislich
meist konkurrenzlos günstig sind.
Lassen Sie sich vom Portier im Hotel mal ein gutes
Restaurant empfehlen, Sie werden überrascht sein
(**9.6**).

*Die Schaukelstühle sind typisch für den Eingangsbereich eines
Cracker Barrel Restaurants*

Nebenbei gesagt gibt es eine fast unglaubliche Menge von Fastfood-Restaurants im Land der unbegrenzten (Un-)Möglichkeiten. Wobei die Bezeichnung "Fastfood" aus meiner Sicht etwas ungenau ist. Die Amerikaner unterscheiden nicht so streng wie Europäer zwischen Fastfood und anderen Restaurantketten. Und unter den Restaurantketten, die man überall findet, sind durchaus "richtige" Restaurants. Eine Übersicht mit Anmerkungen finden Sie unter: **www.us-infos.de/tourtips-system.html**. Meine Lieblingsrestaurantketten stehen unter dem Hinweis **Restaurants**.

In den letzten Jahren bieten immer mehr Restaurantketten auch sehr gesunde Mahlzeiten an (**9.7**). Auf den Karten erscheinen die Inhaltsstoffe und die Kalorienzahl. Es wird also durchaus mehr und mehr auf gesunde Ernährung geachtet. Viel Beachtung bekam die Initiative von Arnold Schwarzenegger in seiner Zeit als kalifornischer Gouverneur zur Verbesserung des Schulessens und der Vorstoß von Bürgermeister Michael Bloomberg, in New York große Getränkebecher zu verbieten (dieser wurde allerdings von einem Gericht wieder gekippt).

Wer keine Burger mag oder sich gesund ernähren möchte (wobei beim Burger ja eher die Pommes das Problem sind!), hat dennoch eine große Auswahl an Möglichkeiten. So gibt es zahlreiche Sandwichketten, die Sandwiches mit Salat und mit kalorienarmem Dressing anbieten. Oder Sie gehen in eines der zahlreichen Fischrestaurants. Dort haben die Portionen übrigens durchaus deutsche Ausmaße - Fisch ist auch in den USA teuer.

Und da sind wir schon beim nächsten Thema: Amerikanische Restaurants sind teuer.

Dies ist sicher ein kontroverses Thema. Ich habe manchmal den Eindruck, dass Touristen im Urlaub alles geschenkt haben möchten. Nirgends wird wohl so oft gelogen, wie bei den Themen Geld und Wetter im Urlaub - es scheint immer die Sonne und alles ist immer besonders preiswert.

Tatsache ist, wenn Sie in einem gehobenen Restaurant gut essen gehen wollen, kostet dies nicht wenig, in den USA genauso wie in Deutschland. Dazu ist die Rechnung dann immer wieder ein kleiner Schock, weil noch das Trinkgeld ("Tip" bzw. "Gratuity") von ca. 15 - 20 % und die Sales Tax dazukommen. Viele Restaurants, vor allem die zahlreich vorhandenen Diner, sind in den USA aber gut und günstig. Denken Sie auch immer daran, dass alkoholfreie Getränke (Softdrinks, zu denen auch der Kaffee zählt) sehr preiswert sind (und immer wieder ohne Zusatzkosten ("free refills") aufgefüllt werden). Wein ist allerdings unbestritten viel teurer als in Deutschland.

Was allerdings (immer noch) stimmt, ist die Tatsache, dass die Portionen in den USA viel größer sind, als in Deutschland. Besonders groß sind sie an den Truck Stops. Wenn wir nicht so viel Hunger haben, teilen wir uns die Portionen in den Restaurants einfach. Die Bedienungen haben normalerweise nichts dagegen und bringen dann häufig einen zweiten Teller und Besteck (hier sei noch einmal der Hinweis auf das Trinkgeld erlaubt).

Eines hat sich allerdings in den letzten Jahren entscheidend verändert - es gibt in den USA wirklich vernünftigen **Kaffee**. Wer vor ein paar Jahren die USA bereist hat, kann sich sicher noch an dieses Gebräu erinnern, welches man in vielen Restaurants bekam, wo die Kannen stundenlang auf Heizplatten vor sich hin köchelten (allerdings gibt es diese Art Kaffee auch heute noch). Die Ausbreitung von Starbucks (**www.starbucks.com**) hat sicher zu einer Verbesserung des Standards beigetragen. Hier bekommen Sie neben einer großen Auswahl von Getränken übrigens auch freies Wi-Fi. Auch McDonald's bietet in den McCafé-Verkaufs-stellen guten Kaffee. Ansonsten hat die Ausbreitung von Kaffeemaschinen an den Tankstellen stark zugenommen. Die Auswahl reicht von Kaffee über Cappucino zu unterschiedlichsten Arten von Café Latte. Häufig gibt es dazu noch verschiedenste Geschmacksrichtungen der Kondensmilch. Amerikaner lieben aromatisierten Kaffee (für Europäer gibt es aber auch "normale" Sorten, zu denen ich dringend rate, Cappucino ist heftig gesüßt!). Sollten Sie den Nordwesten, speziell Washington und Oregon, bereisen wollen, finden Sie dort an fast jeder Straßenecke einen Kaffeekiosk. Das Angebot ist umfangreich und richtet sich manchmal auch nach den Jahreszeiten, so gibt es im Oktober/November spezielle Halloween-Mischungen.

Kaffeekiosk in Washington

Kaffeesorten in einem Kiosk in Washington State

Noch ein paar Hinweise zum **Verhalten** in einem Restaurant (**9.1**):

Betritt man ein Restaurant, so fällt einem zuerst das Schild **"Wait to be seated" auf.** Auch wenn Sie das Schild nicht sofort sehen, bleiben Sie bitte kurz stehen. Man wartet besser am Eingang, bis die Serviererin einen abholt (ansonsten kann es Ihnen passieren, dass sich kein Kellner an Ihren Platz "verirrt", um Sie zu bedienen). Die Servicekraft fragt dann, für wie viele Personen Sie einen Tisch brauchen. Sind Sie nur zu zweit, lautet die Antwort: "Party of 2". Sollte kein Tisch frei sein, befindet sich meistens im Eingangsbereich eine Bank, auf der Sie warten können. Es kann auch sein, dass Sie eine Art Handy bekommen, welches ein Signal sendet, sobald ein Tisch frei wird.

Ist man an der Reihe, bekommt man einen Tisch vorgeschlagen, auch wenn das Restaurant leer ist. Es geht dabei um das Aufteilen der Gäste unter den Serviererinnen. Sollte Ihnen der Tisch nicht gefallen, können Sie aber trotzdem um einen anderen bitten. Es ist übrigens durchaus üblich, dass es in Restaurants ziemlich dunkel ist. Nachdem man einen Platz bekommen hat, stellt die Servieren sich vor, fragt nach den Getränken, gibt die Karte und schlägt das Tagesgericht vor. Dies ist meist besonders günstig. Die Getränke kommen sehr schnell. Ein Glas Eiswasser gehört fast überall dazu und ist kostenlos. Sie müssen übrigens keine zusätzlichen Getränke bestellen. Bestellen Sie ein alkoholfreies Getränk, bekommen Sie dies immer wieder kostenlos aufgefüllt (free refill). Dies gilt auch für Kaffee. Alkoholische Getränke gibt es nicht in allen Restaurants, denn man benötigt dafür eine spezielle Lizenz (die den Wirt auch speziell kostet). Die Preise sind häufig ohne Dollarzeichen angegeben und enthalten auch nicht die Steuer (dies macht aus Sicht vieler Touristen dann das Essen teuer, weil diese Summen an der Kasse noch dazu kommen).

Während des Essens erscheint die Bedienung und fragt, ob alles in Ordnung ist und der Gast zufrieden. Dies ist Ihre letzte Chance für eine Reklamation oder einen zusätzlichen Wunsch. Denn danach kommt umgehend die Rechnung, auch wenn man das Essen noch nicht beendet hat. Dies ist keine Unfreundlichkeit oder die Aufforderung, das Lokal schnellstens zu verlassen, sondern gehört in den USA zum Service. Dieser **muss**, soll er von den Amerikanern als gut betrachtet werden, schnell sein. Die Rechnung begleicht man entweder am Tisch oder an der Kasse am Ausgang. Das Trinkgeld legt man auf den Tisch oder addiert es auf der Kreditkartenrechnung.

Und immer wieder der **Hinweis auf das Trinkgeld**: Bedienungen leben vom Trinkgeld, da das Grundgehalt häufig genug nur auf dem Mindestlohnniveau von 2,13 $ liegt (**9.2**). Von dem Geld muss der Angestellte auch noch seine Versicherungen bezahlen, was nicht, wie bei uns, der Arbeitgeber macht. Kein Trinkgeld zu geben ist ein Akt grober Unhöflichkeit (**9.3**).

Sollten Sie mit mehreren Parteien in einem Restaurant sein, so ist das Erstellen mehrerer Rechnungen nicht üblich. Die Bedienung macht nur eine Rechnung für den gesamten Tisch. Also teilen Sie einfach die Gesamtsumme unter sich auf. Da Sie ja sicher mit Freunden unterwegs sind, dürfte das kein Problem sein.

Da die Portionen meist sehr groß sind, wird es Ihnen schon mal passieren, dass Sie nicht alles aufessen. Es ist üblich, die Reste mitzunehmen. Jedes Restaurant ist darauf eingestellt, dass der Gast nach einer "Bag" fragt. In guten Restaurants wird die Bedienung fragen, ob sie die Reste für Sie einpacken soll (**9.4**).

Wir haben es sogar schon erlebt, dass auf den Boxen eine Anleitung zum Aufwärmen der Mahlzeit aufgedruckt ist.

9.1

Eine ausführliche Zusammenstellung sämtlicher Fallen und Verhaltensweisen ist auf der nachstehenden Internetseite nachzulesen unter dem Thema Essen und Trinken in den USA:
de.wikivoyage.org

9.2

Das Gesetz zum Mindestlohn für Angestellte, die Trinkgelder bekommen, finden Sie unter:
www.dol.gov/elaws/faq/esa/flsa/002.htm

9.3

Amerikaner geben übrigens bei gutem Service weit mehr als die immer wieder in deutschen Reiseführern angeführten 15 - 20 %. Wir haben es mehr als einmal erlebt, dass meine amerikanischen Verwandten bis zu 30 % Trinkgeld gegeben haben.
Sie haben aber auch schon mal gar kein Trinkgeld gegeben, wenn der Service schlecht war (dies ist aber keine Ausrede für deutsche Touristen!).

9.4

Wir haben es auch schon erlebt, dass auf der mitge-
gebenen Schachtel eine genaue Anleitung zum Aufwärmen der Mahlzeit war.

9.5

Trinkgeld gibt man in Food Courts übrigens auch.
Meist steht auf der Theke eine entsprechende Dose.
Hier reichen aber 1 bis 2 Dollar. Das gilt auch für Buffets, bei denen auch 1 bis 2 Dollar pro Person üblich
sind.

9.6

Eines der besten Restaurants, die ich in den USA
kenne, ist der Signature Room in Chicago. Unter dem
folgenden Link können Sie einen Blick auf die Speisekarte werfen: **www.signatureroom.com/Menus**
Möchten Sie einen fantastischen Rundblick über Las
Vegas beim Dinner genießen? Bitte sehr:
topoftheworldlv.com.
Übrigens gehen viele ältere Amerikaner gerne zum
Lunch aus, weil dann die Gerichte günstiger sind als
zum Dinner am Abend.

Nach einer Erhebung der Vereinten Nationen vom letzten Jahr sind die Amerikaner nicht mehr die dickste Industrienation der Welt, sondern die Mexikaner mit 32,8 %. In den USA sind es "nur" 31,8 %, der Anteil der Übergewichtigen in Deutschland beträgt zum Vergleich 21,8 Prozent. Besonders schlank sind die Japaner mit einem Anteil von 4,5 % Übergewichtiger an der Gesamtbevölkerung.
(Quelle: **www.focus.de**)

10. Auto fahren in den USA

Wir sind mit unserem 33 feet (ca. 10 m) langen Wohnmobil unterwegs auf der Suche nach einer Übernachtungsmöglichkeit. Den ganzen Tag haben wir die Sonne im Saguaro National Monument genossen. Jetzt geht es quer durch Tucson, denn morgen wollen wir in die westlichen Teile der Stadt. Irgendwie scheint heute aber der "Wurm drin zu sein". Wir finden einfach keinen Campground. Unser Campground Guide gibt nichts in erreichbarer Nähe her und auch die roten Hütchen auf der Interstate, die normalerweise eine Übernachtungsmöglichkeit signalisieren, sind viel zu weit weg. Zudem ist Feierabendverkehr und dieser fordert die ganze Aufmerksamkeit von Claus. Das ist deshalb erwähnenswert, weil er normalerweise derjenige ist, den Hinweisschilder anspringen. Wir orientieren uns gerade Richtung Interstate, als ich noch ein rotes Hütchen etwas abseits entdecke. "Geradeaus!" Claus fährt weisungsgemäß auf die andere Spur und - dann blitzt es aus heiterem Himmel. Wir haben eine rote Ampel überfahren. Schei....!!

Mit klopfendem Herzen fahren wir weiter. Nun sind wir schon so oft in Amerika gewesen und nie haben wir eine Verkehrssünde begangen - und nun das!

Uns bleibt nichts anderes übrig, als auf das fällige Ticket zu warten.

Als wir zwei Wochen später an der Vermietstation unser Wohnmobil abgeben, warten wir eigentlich schon auf die fällige Strafe. Wir beichten, aber noch ist nichts angekommen. Wir erfahren aber, dass im Falle eines Falles noch eine Bearbeitungsgebühr des Vermieters von 100 $ dazukommt. Das kann ja heiter werden.

Wieder zu Hause recherchiert Claus im Internet. Das Überfahren einer roten Ampel soll angeblich bis zu

500 $ kosten (zuzüglich 100 $ Bearbeitungsgebühr!!).
Doch wir haben Glück - oder der Officer keine Lust,
die Strafe bei einem Vermieter einzutreiben. Bis heute
(3 Jahre später) ist kein Strafbefehl gekommen. Und
wir waren auch schon wieder in den USA, ohne dass
wir zur Kasse gebeten wurden.

Allerdings hat der Vorfall zur Folge, dass mein lieber
Mann nun immer sehr vorsichtig an Ampeln heran-
fährt.

*Mit einem Wohnmobil dieser Größe kann man nicht auf einer
Briefmarke bremsen*

⇨ ⇨ ⇨ ⇨ ⇨ ⇨ ⇨ ⇨ ⇨ ⇨ ⇨ ⇨ ⇨ ⇨ ⇨

Auto fahren in den USA ist, entgegen einiger anders-
lautender Berichte, eine einfache Sache. Sie brauchen sich dafür nicht eigens ein Buch zu kaufen.
Nur in den Großstädten wie New York oder Los Angeles kann es etwas anstrengend sein (wie in allen
Großstädten dieser Welt. Waren Sie einmal mit dem
Auto in Paris unterwegs????).
Sie werden sich sicher schnell an die langsamen Ge-
schwindigkeiten auf den Interstates gewöhnen, und
das sollten Sie auch, denn die Höchstgeschwindigkei-
ten werden streng kontrolliert. Und das Schild mit der
Aufschrift "patrolled by aircraft" ist kein Witz. Die
Highway Patrol kennt keine Gnade und Verstöße
werden direkt geahndet, d. h. Sie müssen sofort und
in bar bezahlen. Ich habe schon von Fällen gehört,
wo eine Begleitung bis zur nächsten Bank erfolgte,
weil nicht direkt gezahlt werden konnte.
Ansonsten sind die meisten Verkehrsregeln mit den
deutschen identisch.

Wichtige **Abweichungen** sind:

4Way Stop
An Kreuzungen kann es Stoppschilder aus allen vier
Fahrtrichtungen geben. Dort gilt, wer zuerst kommt,
fährt nach dem Stopp zuerst. Dieser Stopp wird streng
kontrolliert. Dann können Sie in der Reihenfolge, in
der Sie an der Kreuzung angekommen sind, losfah-
ren. Wenn die Reihenfolge unklar ist, wird dies häufig
durch Handzeichen geregelt. Ich muss immer
schmunzeln, wenn ich mir vorzustellen versuche, zu
welchem Chaos diese Regelung in Deutschland führen würde ☺☺☹!

Bei **Rot rechts abbiegen** ist nach einem Stopp fast immer erlaubt. Wenn es verboten ist, steht dort ein zusätzliches Hinweisschild: "No Right (Turn) on Red".

Ampeln

Ampeln sind autofahrerfreundlich auf der gegenüberliegenden Straßenseite oder mit Seilen über der Kreuzung angebracht. Das lästige Verrenken, welches wir in Deutschland kennen, entfällt. Auch ein neben Ihnen haltender LKW kann die Sicht so nicht versperren.

Schulbusse und Schulen

Hält ein Schulbus am Straßenrand (auch in der absoluten Einsamkeit), schaltet er Warnblinker und rote Warnlichter ein und fährt seitlich hinten ein Stop-Schild aus, solange Schüler ein- und aussteigen. Dann darf **auf keinen Fall** überholt werden. Dies gilt auch für die Gegenfahrbahn, auch hier müssen Sie anhalten. Orientieren Sie sich hier am besten an anderen Verkehrsteilnehmern. Die Tickets sind besonders teuer! Missachtungen der Geschwindigkeitsbegrenzungen vor Schulen werden doppelt so hoch bestraft. Bei Unfällen mit Kindern hat immer (!) der Autofahrer Schuld.

Car Pool Lane

Auf vielen Stadtautobahnen findet man Car Pool Lanes oder auch Diamant Lanes. Dies sind besonders gekennzeichnete Fahrbahnen, die nur von Fahrgemeinschaften benutzt werden dürfen. In der Rushhour ist dies besonders praktisch. Wie viele Personen diese Fahrgemeinschaft bilden, ist gekennzeichnet (meist ab 2 Personen, also ideal für Sie und Ihre(n) liebe(n) Gattin/Gatten).

Rechts überholen

In den USA darf **rechts** überholt werden. Dies ist am Anfang etwas gewöhnungsbedürftig, man lernt es aber schnell zu schätzen.

Einen häufigen Spurwechsel sollten Sie dennoch vermeiden.

Auf amerikanischen Interstates kann es auch Ausfahrten auf der **linken Seite** geben (sehr gewöhnungsbedürftig). Da hilft ein Navi mit Spurassistent.

Noch ein paar kleinere Hinweise:

Besondere **Ausdrücke** sind:

Yield: Vorfahrt gewähren

Xing: Hat nichts mit sozialen Netzwerken zu tun, bedeutet, dass etwas kreuzt, wie z. B. ein Fußweg

Tow away zone: Hier wird abgeschleppt, also Vorsicht!

Littering: Bedeutet im eigentlichen Wortsinn "verstreuen" oder "wegwerfen" und meint die Verunreinigung der Straßen durch Herauswerfen von Abfall aus dem fahrenden Fahrzeug. Dies steht unter Strafe, in manchen Gegenden kann diese auch verdoppelt werden. Vielleicht werden Ihnen die Schilder "Adopt a highway" auffallen. Hier "adoptieren" Firmen oder Vereine ein Stück Highway und sammeln an bestimmten Tagen die Abfälle ein. Dann stehen lauter Säcke am Straßenrand. Wir meinen, im Laufe der Jahre eine größere Sauberkeit der Straßenränder beobachten zu können, frei nach dem Motto: Wer einmal gesammelt hat, schmeißt nichts mehr selber aus dem Auto. Wäre auch mal eine Idee für deutsche Autobahnen, oder ☺☺☹??

Speed Bump: Sind häufig in Wohngegenden zur Verkehrsberuhigung eingesetzte Hügel auf der Straße, die zum Bremsen zwingen, will man nicht die Stoßdämpfer des Wagens testen. Sie können aus Beton, Metall oder Gummi bestehen und werden durch entsprechende Schilder angekündigt.

DUI: *Driving under (the) influence* bedeutet Fahren unter Alkoholeinfluss und ist strengstens verboten (manchmal habe ich den Eindruck, dass Alkohol und Zigaretten in den USA strenger unter Strafe stehen als Schusswaffen).

Bitte transportieren Sie Alkohol nie (!) im Fahrgastraum, egal, ob offen oder nicht. Dies kann die Urlaubsplanung auf den Kopf stellen und Ihnen eine Nacht in einer Unterkunft mit vergitterten Fenstern bescheren. In Indianerreservaten ist schon der Besitz von Alkohol strafbar. Trinken in der Öffentlichkeit sollte man lieber lassen. Möchten Sie dennoch an Stränden oder beim Picknick nicht auf einen Schluck verzichten, füllen Sie den Alkohol besser in bunte undurchsichtige Plastikbecher um – oder verwenden Sie die berühmte braune Papiertüte!

Anhalten bei Verkehrskontrollen

Amerikanische Streifenwagen sind in der Regel nur mit einem Beamten besetzt. Dies bedeutet, dass die Beamten vorsichtig bei Verkehrskontrollen sind - es fehlt die "Rückendeckung" durch einen zweiten Mann. Dies hat zur Folge, dass die Kontrollen etwas anders ablaufen als in Deutschland. Der Streifenwagen wird hinter Ihnen herfahren und seine ganze "Beleuchtung" setzen (erinnert stark an Weihnachten!). Sie sollten dann bei nächster Gelegenheit rechts ran fahren und bitte im Auto sitzen bleiben. Steigen Sie nicht aus, auch wenn es etwas länger dauert, bis der Beamte auf Sie zukommt (er wird wahrscheinlich in der Zwischenzeit über seinen Computer Ihr Kennzeichen checken). Gehen Sie auch nicht auf den Beamten zu. Dieser ist das nicht gewohnt und wird sich bedroht fühlen. Am besten, Sie drehen die Seitenscheibe herunter, behalten ansonsten beide Hände am Lenkrad und warten, bis der Beamte Sie anspricht. Ein freundliches "Hallo, Officer" hilft auch schon. In der Regel wird der Officer sehr schnell merken, dass er es mit einem Ausländer zu tun hat und die Situation wird sich entspannen. Auch amerikanische Cops sind nur Menschen und reagieren in der Regel freundlich auf Freundlichkeit. Sollten Sie wirklich einen Fehler gemacht haben - geben Sie es einfach zu und entschuldigen Sie sich. Das ist auf alle Fälle sinnvoller, als in einem fremden Land in einer fremden Sprache die Verkehrsregeln zu diskutieren (☺) und kann manchmal zu einer freundlichen Verwarnung und zu einer Entlastung Ihrer Urlaubskasse führen, wenn Sie nämlich keine Strafe erhalten (und bezahlen müssen).

Mit diesen allgemeinen Hinweisen sollte es Ihnen eigentlich gelingen, in den USA vorschriftsmäßig am Straßenverkehr teilzunehmen. Wer es ganz genau wissen möchte, kann sich unter nachfolgenden Links Fahrschulbücher ansehen. Dort sind alle weiteren Fragen beantwortet:

Fahrschulbuch von Kalifornien:
apps.dmv.ca.gov/pubs/dl600.pdf

Fahrschulbuch Florida:
www.flhsmv.gov/handbooks/EnglishDriverHandbook.pdf

Übrigens steht darin auch, dass an roten Ampeln zu halten ist!

Noch ein Wort zum **Tanken**:

Tanken in den USA ist eigentlich nicht anders als in Deutschland auch. Die Preise sind an den Tanksäulen angegeben und gelten immer für eine Gallone, das sind 3,785 Liter. Es werden die Benzinsorten „regular", „plus" und „premium" angeboten. Dies entspricht ungefähr den Sorten „Normal", „Super" und „Super plus". Erkundigen Sie sich beim Vermieter, welche Sorte Ihr Mietwagen braucht. Normalerweise benötigt ein Mietwagen "regular".

Es erfolgt in der Regel keine Vermietung von Dieselfahrzeugen, daher tanken Sie immer "unleaded".

Fast immer können Sie an der Tanksäule direkt zahlen. Sie stecken dafür die Kreditkarte in den Schlitz für Kartenzahlung und ziehen sie gleich wieder heraus. Der Automat checkt jetzt die Gültigkeit.

Anschließend beginnt entweder der Tankvorgang oder Sie sollen einen Zip Code eingeben.

Sie können es gern mit Ihrer deutschen Postleitzahl versuchen, aber das wird meistens nicht klappen. Sie haben jetzt nur noch die Möglichkeit, an die Kasse zu gehen und Ihre Karte zu hinterlegen. Wenn Sie ihre Karte nicht unbeaufsichtigt im Shop lassen wollen, stellen Sie einen Mitreisenden daneben oder zahlen Sie bar. Sinnvoll ist ein 50-Dollar-Schein, die Summe sollte für einmal Volltanken bei den aktuellen Benzinpreisen ausreichend sein. War es sogar zu viel, bekommen Sie das Wechselgeld problemlos zurück.

Achten Sie auf die Benzinpreise! Diese unterscheiden sich häufig nicht unerheblich, selbst an nebeneinander- oder gegenüberliegenden Tankstellen. Eine (nicht zulässige!?) Preisabsprache wie in Deutschland gibt es nicht.

Sollte die Tanksäule einen speziellen Hebel haben, vergessen Sie bitte nicht, ihn nach dem Tankvorgang wieder in seine Ausgangsstellung zurückzuschieben. Ansonsten ist der Tankvorgang nicht beendet und der folgende Kunde freut sich über kostenfreies Tanken.

In den letzten Jahren haben wir beobachten können, dass es an vielen Tankstellen extra günstige Preise für Barzahlung gibt. Auch die Amerikaner sind aufgrund der stark gestiegenen Benzinpreise (ein wenig) preisbewusster geworden. In einigen Bundesstaaten, wie z. B. Washington, können Sie auch besonders günstig an Tankstellen der Supermärkte tanken, wenn Sie eine Kundenkarte besitzen (vgl. **8.3**) oder wenn Sie vorher im Supermarkt eingekauft und damit einen Gutschein erworben haben.

P.S.: An Tankstellen gibt es normalerweise keinen (hochprozentigen) Alkohol, dafür aber meist hervorragenden Kaffee.

Eine Tankstelle an der Interstate

11. Telefonieren aus den USA

"Öffentliche Fernsprecher gibt es in großer Zahl (...). Eine Besonderheit sind die (1)-800-Nummern, mit denen man gebührenfrei Reservierungen für Hotels, Flüge etc. vornehmen kann. Auslandsgespräche vermittelt, wenn noch keine Durchwahl möglich ist, der overseas operator (...). Über den Operator kann man sich auch mit einer bestimmten Person unter der angegebenen Nummer verbinden lassen (...)."
Quelle: Der Große Polyglott, USA, 18. Auflage 1988/89

Mit diesen ausführlichen Informationen versehen fliegen wir das erste Mal in die USA. Alles klar, es geht alles über den Operator, der unter der Nummer (0) zu erreichen ist.
Und dann sitzen wir in unserem Hotelzimmer und versuchen, unsere Eltern darüber in Kenntnis zu setzen, dass ihre Kinder den Flug gut überstanden haben. Die Durchwahl funktioniert nicht, wir landen Gott weiß wo, können noch nicht einmal die Sprache identifizieren - und legen zur Sicherheit auf. Versuchen wir es eben über den Operator. Überall hat man uns gesagt, dass das Telefonieren aus den USA mit dem Operator ganz einfach sein soll. Er meldet sich auch sofort. Ein wenig stolpern wir noch bei der Ansage unserer eigenen Telefonnummer. Für die Zukunft schreiben wir sie uns auf, das vereinfacht das Aufzählen der Nummer in Englisch.
Unser nächstes Telefonat (wir halten uns nun schon für Profis) versuchen wir von einer Telefonzelle aus. Doch nun beginnen die Hindernisse. Wir werden gebeten, 3 $ in den Schlitz zu werfen. Doch der frisst nur Quarters. Geld wechseln gehen - erneuter Versuch. Nach dem Telefonat, noch bevor Claus wieder auflegen kann, meldet sich erneut der Operator und bittet

um einen Nachschlag von 2,50 $. Gott sei Dank haben wir genügend Münzen. Wir diskutieren später im Auto auf der Weiterfahrt, was wohl für Sanktionen zu erwarten gewesen wären, wenn wir nicht gezahlt hätten.

Ab sofort haben wir eine neue Sammelleidenschaft, jeder Quarter wird gespart. Doch es reicht nicht. Was tun? Wozu gibt es Banken - da kann man bekanntlich wechseln. Ich wage mich also in eine solche und frage ganz höflich nach "Twenty-Five-Cent Coins". Damit löse ich unerwarteterweise einen Auflauf aus - "What do you want?". In den USA scheint diese Bezeichnung gänzlich unbekannt zu sein. Erst als den Angestellten mit vereinten Kräften aufgeht, dass ich Quarters haben möchte, bekomme ich das Wechselgeld überreicht, mit Kopfschütteln und Grinsen verbunden. Von da an telefonieren wir gemeinsam, einer spricht, der andere wirft Münzen (Quarters!!!) in den Schlitz.

⇨⇨⇨⇨⇨⇨⇨⇨⇨⇨⇨⇨⇨⇨

Prinzipiell gibt es vier Möglichkeiten, um aus den USA in die Heimat zu telefonieren. Dies sind einmal der Festnetzanschluss aus Ihrem Hotel, Ihr Handy, Ihr Laptop oder eine Telefonkarte.

Unter dem folgenden Link finden Sie die günstigsten Tarife für Call by Call aus den USA:
www.billiger-telefonieren.de/laender/usa

Diese Art des Telefonierens ist aber aus meiner Sicht recht teuer, zumal in den Hotels auch noch Gebühren anfallen können.

Möchten Sie Ihr eigenes Handy (in den USA heißt dies "Cellphone") in den USA nutzen, müssen Sie sich vorher bei Ihrem Anbieter über die Roaminggebühren informieren – und es muss ein Quadband-Handy sein. Einen allgemeinen kleinen Ratgeber bietet die folgende Seite:
www.teltarif.de/roaming/usa/handy/html

Den Einsatz Ihres deutschen "Cellphones" kann ich Ihnen nicht empfehlen. Teilweise sind die Gespräche extrem teuer und es kann auch sein, dass Ihr deutscher Anbieter keinen Vertrag mit der amerikanischen Gesellschaft hat, die Ihr Urlaubsgebiet abdeckt. Dann haben Sie schlicht keinen Empfang, auch wenn um Sie herum alle Welt telefoniert. Oder, noch schlimmer, Sie werden über einen weiteren Anbieter verbunden, der dann auch noch Kosten verursacht.

Eine preiswerte Möglichkeit ist auch die Internettelefonie über Skype (**www.skype.com**). Dazu müssen

145

Sie nur die aktuelle Software auf Ihren Laptop herunterladen bzw. die entsprechende kostenlose App auf Ihrem Tablet oder Smartphone installieren. Dann sind Sie aber relativ unabhängig, zumal kostenfreie Hotspots in den USA weit verbreitet sind. Listen für kostenfreie Wi-Fi-Hotspots nach Bundesstaaten geordnet, finden Sie unter: **wififreespot.com**. Außerdem bieten Ketten wie Starbucks, Denny's oder McDonald's einen kostenfreien Internetzugang an – und natürlich Ihr Hotel/Motel, wenn auch manchmal mit Passwort, das Sie an der Rezeption erfahren.

Wir kaufen uns in den USA immer eine Prepaid Telefonkarte (vgl. **8.5**). Dabei müssen Sie nur Folgendes beachten:
Die Karte muss für "International Calls" gültig sein (nicht "long distance", das sind Karten für Ferngespräche innerhalb der USA und Kanada).
Die Karte muss zum Einwählen eine 1-800 oder 0-800 Nummer haben (ansonsten zahlen Sie eine nicht unerhebliche "connection surcharge" von bis zu 1 $ pro Gespräch. Diese Gebühr kann auch, unabhängig von Ihrer Karte, von Ihrem Hotel erhoben werden - fragen Sie nach!).

Wir haben uns auch schon ein einfaches Prepaid Cellphone (unlocked Phone) in den USA gekauft. Dies kann praktisch sein, wenn Sie mit einem Wohnmobil unterwegs sind und kein öffentlicher Fernsprecher in der Nähe ist. Diese Geräte funktionieren im Prinzip genau wie die Prepaid Telefonkarten, nur dass Sie das Gerät mitkaufen (Preise aktuell für ein einfaches Cellphone, welches aber für die gelegentlichen Telefonate nach Hause völlig ausreichend ist, liegen bei ca. 20,- bis 25,- $, dazu kommt noch die Telefonkarte ab 20,- $).

Die Zusammensetzung der Vorwahlen aus den USA in den deutschsprachigen Raum können für den Anfänger ziemlich kompliziert werden. Sie lauten:

Deutschland 01149
Österreich 01143
Schweiz 01141

Die anschließende Ortsvorwahl hat dagegen keine 0. Bei einem Anruf z. B. nach München (Vorwahl in Deutschland 089) müssen Sie dementsprechend 0114989-(Nummer des Teilnehmers) wählen.

Sollten Sie noch weitere Informationen benötigen, finden Sie diese unter dem Stichwort "Telefon" auf den **Allgemeinen Informationsseiten**

Tipp: Manchmal bekommen Sie am Telefon im Hotelzimmer kein Freizeichen. Das Telefon ist dann in der Regel nicht kaputt, es muss nur durch die Rezeption freigeschaltet werden.

Wie sich die internationalen Vorwahlen zusammensetzten, wird auf der folgenden Seite ausführlich erklärt:
de.wikipedia.org/wiki/Internationale_Telefonvorwahl

12. Listen, Links und Lesestoff

Falls Sie eine **Einkaufstour** in den USA planen, kann ich Ihnen mit eigenen Erfahrungen leider nur begrenzt dienen. Wir kaufen zwar auch das eine oder andere ein, große Shopping-Touren in Outlet Centern sind allerdings nicht so unsere Welt. Trotzdem gestatten Sie mir ein paar allgemeine Hinweise:

Tax Free Shopping:
Sehen Sie in einem Geschäft ein Schild mit der Aufschrift "Tax Free", bedeutet dies nicht, dass Sie bei Ihrem Einkauf keine Mehrwertsteuer zahlen müssen, sondern, dass Sie diese bei der Rückreise zurückerstattet bekommen. Dazu müssen Sie an der Kasse nach einem "Tax-Free-Formular" fragen. Allerdings kennt nicht jede Verkäuferin dieses Formular, manchmal muss man sich bis zum Abteilungsleiter durchfragen. Mit dem ausgefüllten Formular gehen Sie bei der Ausreise am Flughafen zum "Tax Free-Schalter", wo Sie 70 Prozent der Steuer zurückerhalten – die übrigen 30 Prozent werden als Bearbeitungsgebühr einbehalten. Die Suche nach dem Schalter gestaltet sich allerdings nicht immer ganz einfach.
Der Gesamtwert der Einkäufe darf 430 € nicht übersteigen, wenn Sie keinen Zoll zahlen wollen. Alle darüber hinausgehenden Einkäufe müssen bei der Einreise verzollt werden. Wenn Sie übrigens mit einem Partner reisen und etwas kaufen, was z. B. 800 € kostet, dürfen Sie diesen Betrag nicht einfach durch 2 teilen.
Weitere Hinweise finden Sie unter:
http:www.usatipps.de/tipps/einkaufen
www.brigitte.de/reise/reiseberichte-und-infos/reiseziele/usa-shopping-tipps-567506/

An dieser Stelle gehe ich davon aus, dass Sie schon einmal einen Koffer für eine Urlaubsreise gepackt haben. Daher nehme ich nur Dinge auf, die für einen USA-Urlaub gebraucht werden, normalerweise aber für einen "Mallorca-Urlaub" nicht notwendig sind.

Vor der Reise:

- Kreditkarten
- ESTA beantragen oder aktualisieren

Dokumente:

- Personalausweis und Reisepass (gültig)
- Sicherungskopie auf USB-Stick
- ESTA in Kopie

Körperpflege:

- Deo, wenn Sie kein Cremedeo mögen (die gibt es nämlich vorzugsweise in den USA)
- Nageletui **in den Koffer**! (Die Nagelschere wird Ihnen sonst an der Sicherheitskontrolle abgenommen!)
- Sonnencreme mit hohem Lichtschutzfaktor u. a. auch wegen der Höhenlage (eventuell vor Ort kaufen)

Kleidung:

- Handschuhe, Schal, Mütze (auch im Frühjahr und Herbst wegen der Höhenlage oder des Windes). Es gibt da ein bezeichnendes Sprichwort: Der kälteste Winter ist ein Sommer in San Francisco!

Baden:

- Sonnenbrillen (immer mitnehmen, auch wenn Sie in Deutschland normalerweise keine Sonnenbrille benötigen. Das Licht kann in der Wüste sehr grell sein.)

Sonstiges:

- zusätzliche neue biometrische Passbilder
- leichter Rucksack und/oder Wanderrucksack
- Kofferwaage (möglichst geeicht)
- Ersatzbrillen, Ersatzsonnenbrillen
- Tempotaschentücher (diese sind stabiler als die in den USA erhältlichen Kleenex. Wer schon mal in den USA richtig erkältet war, weiß, wovon ich rede!)
- Insektenschutz (evtl. vor Ort kaufen, amerikanische Mücken lachen sich schlapp über Autan!)
- Werkzeug-Tool **im Koffer** (an einem Wohnmobil gibt es immer etwas zu schrauben)
- Taschenmesser **im Koffer**
- 2 große Einkaufstaschen (z. B. für Schmutzwäsche oder wirklich zum Einkaufen, wenn Sie nicht in gefühlten 1000 Plastiktüten ersticken möchten)
- Waschpulver in kleiner Menge
- amerikanisches Verlängerungskabel mit Mehrfachsteckdose für Hotelzimmer
- Ladegerät für Zigarettenanzünder
- 2 leere Aluflaschen (Handgepäck und Koffer)

Lageplan und Anschrift von:

- Walmart Supercenter für den Ersteinkauf
- Bass Pro (Outdoor-Shop)
- AAA (Kartenmaterial und Campbooks)
- Trader Joe's (mein bevorzugter Grocery Store)
- erstem Hotel vor Ort (oder Anschrift des Auto- oder Wohnmobilvermieters)

Für den Flug (im Bordcase):

- durchsichtiger Beutel für Flüssigkeiten für Security am Flughafen
- Socken zum Wechseln nach dem Flug (wir tragen im Flugzeug Kompressionsstrümpfe)
- evtl. dicke Socken für den Flug - besonders auf dem Rückflug kann es sehr kalt werden
- Kugelschreiber (Sie müssen die Zollerklärung im Flugzeug ausfüllen)
- Navigationsgerät (das Flugzeug findet seinen Weg normalerweise alleine über den Atlantik, aber Sie finden Ihr Navi leichter am Ankunftsort, Sie brauchen es für die Fahrt zum Hotel **vor** dem Auspacken der Koffer)
- leere Aluflasche (können Sie am Flughafen nach der Security auffüllen, dann sind Sie im Flieger unabhängig vom Service)
- Nackenhörnchen (aufblasbar), machen Sie es sich so bequem wie möglich im Flugzeug.

Wasserspender am Frankfurter Flughafen

Auch meine *Einkaufsliste* für den Ersteinkauf beinhaltet nur die "unüblichen" Dinge.

- Kühlbox (wir kaufen uns für die Rundfahrt immer eine Kühlbox, in der wir Lebensmittel für ein schnelles Picknick oder ein Abendbrot auf dem Zimmer sowie gekühlte Getränke unterbringen)
- Ziploc-Beutel für Eis (in jedem Hotel gibt es eine Eismaschine, dort füllen wir die Beutel, damit die Getränke auch kalt bleiben)
- Alufolie oder Tupperdosen für Reste
- Küchentücher (z. B. zum Putzen der Autoscheiben)
- Tire Sealant und Tire Top Off Inflator von Slime (für die schnelle Reparatur und das Wiederaufpumpen eines platten Reifens im Hinterland - nur für Notfälle, beim Walmart erhältlich)
- kleiner Grill sowie Self-Starting-Charcoal (mit Anzündeflüssigkeit getränkte Holzkohle)
- eventuell ein Schlafsack für das Hotelbett. Solche Schlafsäcke gibt es z. B. bei Bed, Bath & Beyond unter folgendem Link: **www.bedbathandbeyond.com**. Geben Sie dort unter "Search" den Begriff "TravelFresh Sleepsack" ein, um sich das Produkt einmal anzusehen. Die Kette Bed, Bath and Beyond ist in fast jeder Mall zu finden.

Eine vollständige Einkaufsliste für einen Ersteinkauf, wenn Sie mit einem Wohnmobil unterwegs sein werden, die wirklich alles abdeckt, finden Sie unter: **www.camperco.de/camping/tipps-und-tricks/einkaufen**

Wenn Sie, wie wir meistens, Ihren Ersteinkauf im Walmart erledigt haben, denken Sie bitte daran, dass ungebrauchte oder ungeöffnete Sachen (☺)am Ende des Urlaubs völlig problemlos wieder gegen Erstattung des Geldes bzw. Rückbuchung auf Ihre Kreditkarte zurückgeben werden können, übrigens in jedem beliebigen Walmart. Deshalb bewahren wir die Quittungen des Ersteinkaufs auch immer getrennt und griffbereit auf!

Allgemeine Informationsseiten

www.tripadvisor.de
www.usa-reise.de/
www.us-infos.de
www.usa.de
www.usa-reiseland.de
www.usatourist.com
www.usa-reisetipps.net
www.usareisetipps.com
www.magazinusa.com

Tourismusinformationen

www.nps.gov
www.myscenicdrives.com
www.freecampgrounds.com

Eine Übersicht aller Fremdenverkehrsämter in den USA bietet die folgende Seite, auf der Sie auch Broschüren anfordern können:
www.fremdenverkehrsamt.com/usa.html

Einzelne ausgewählte Bundesstaaten:

www.arizonareise.de
www.visitcalifornia.de
www.coloradot.info
www.coloradodirectory.com
www.visitflorida.com

www.mt.gov (Montana)
www.utah.com
www.wyomingtourism.org
www.discoverillinois.de
www.nycgo.com

Seiten mit Reiseberichten

www.camperco.de
www.indianer.de
www.indianerwww.de
www.westernladys-world.net
www.lalasreisen.de
www.zehrer-online.de
www.synnatschke.de
www.wernthaler.de
www.natures-gallery.de

Eine umfangreiche Aufstellung vieler Hotelketten finden Sie unter: **www.magazinusa.com**

Besonders weit verbreitete Ketten, in denen wir auch schon selber übernachtet haben, sind:

www.bestwestern.com
www.comfortinn.com
www.daysinn.com
www.econolodge.com
www.hiexpress.com (Holiday Inn Express)
www.hojo.com (Howard Johnson)
www.lq.com (La Quinta)
www.motel6.com
www.oaktreeinn.com
www.qualityinn.com
www.redroof.com
www.super8.com
www.travelodge.com

Allerdings sind Motelketten nicht immer unsere erste Wahl, wir bevorzugen kleinere inhabergeführte Motels.

Wenn Sie Spaß am "Sammeln" von Restaurantketten haben, können Sie die folgende Aufstellung abarbeiten: **www.us-infos.de/tourtips-system.html**

Meine Lieblingsrestaurantketten sind:

www.crackerbarrel.com
www.outback.com
www.tgifridays.com
www.dennys.com
www.ihop.com

Ferner ein immer guter Tipp für ein schnelles Mittagessen sind außerdem die zahlreichen chinesischen Buffets.

Das Standardwerk überhaupt aus meiner Sicht, mittlerweile in der 17. Auflage, ist:

Hans-Rudolf Grundmann und Isabel Synnatschke
USA - Der ganze Westen: Das komplette Handbuch für Reisen zu Nationalparks, Cities und vielen Zielen abseits der Hauptrouten in allen Weststaaten.

Darin findet man nicht nur alle wichtigen Informationen über Routen durch den Südwesten, sondern es enthält eine Unmenge von Reisetipps allgemeiner Art zu einer Rundreise in den USA überhaupt.

Für viele einzelne Staaten gibt es die **Moon Handbooks**, eine Reihe in englischer Sprache, die ich sehr empfehlen kann. Es sind zwar keine (oder nur wenige) bunten Bilder enthalten, dafür stimmen aber die Informationen, und der Zugriff auf einzelne Attraktionen oder Orte ist gut.

Ebenfalls empfehlenswert sind die **Michelin Green Guides**. Die beiden Bände USA West und East bieten eine großräumige Übersicht. Zusätzlich gibt es noch verschiedene Bände zu einzelnen Bundesstaaten wie z. B. California oder Florida und spezielle Bände als Städteführer, wie San Francisco und New York.
Sie bieten neben Rundreisehinweisen auch Wertungen einzelner Sehenswürdigkeiten, die vielleicht nicht originell, aber zutreffend sind. Wer das erste Mal in die USA reist, bekommt so eine gute Übersicht über wirklich herausragende (highly recommended) Ziele - und wer etwas mehr Zeit hat, kann noch die mit zwei Sternen versehenen (recommended) Ziele ansteuern.

Auch die Reihe **Baedeker Allianz Reiseführer** bietet für die unterschiedlichen Regionen der USA wertvolle Informationen, Übersichten und Hintergrundgeschichten.

Gleiches gilt für die **Vis à Vis Reiseführer** aus dem Verlag Dorling Kindersley zum Thema USA. In diese muss man sich zwar etwas "hineinarbeiten", dann sind sie aber sehr informativ und bieten neben vielen Tipps und Hinweisen vor allem Grundrisse und 3-D-Zeichnungen (hier findet man auch viele farbige Abbildungen).

Die besten Führer zu Natursehenswürdigkeiten im Westen sind die "Photographing ... "-Bücher, die von Laurent Martres, einem amerikanischen Fotografen, initiiert wurden. Diese gibt es für Southern Utah, Colorado und New Mexico, Arizona, Washington, Oregon und California.

Übrigens ist das schnelle Nachschlagen von Informationen in einem Reiseführer das wichtigste Argument für eine gedruckte Version desselben. Online-Reiseführer oder Internetforen können vor der Reise wichtige Informationen liefern, sind aber vor Ort genauso unpraktisch wie das Blättern in einem eBook.

Insgesamt ist aber die Reiseliteratur über die USA so vielfältig wie das Land selbst.

Lieber Leser,

ich hoffe, es ist mir gelungen, Ihnen die Planung einer Reise in die USA ein wenig zu erleichtern. Es ist viel einfacher, als es im Vorhinein erscheint.

Bei der Auswahl der Links habe ich die größtmögliche Sorgfalt walten lassen, kann aber natürlich keine Gewähr für die Richtigkeit aller Angaben übernehmen. Das gilt besonders für die Inhalte der genannten Internet-Adressen und Buchtitel, die als Hilfestellung gedacht sind.
Manche Links werden Ihnen sicher sehr lang erscheinen. Dies liegt daran, dass dieses Buch sowohl als gedruckte als auch als elektronische Version erhältlich ist. Für die Leser der gedruckten Version ist diese ausführliche Schreibweise notwendig.

Sollten Sie Fehler bemerken oder Anregungen haben, würde ich mich über Ihre Rückmeldung unter meiner Mailadresse

petra.berneker@t-online.de

sehr freuen. Nun bleibt mir nur noch, Ihnen einen schönen Urlaub zu wünschen.

Ihre

Petra Berneker

Weitere Bücher von Petra Berneker:

Petra Berneker

Mit dem Wohnmobil von Chicago nach Las Vegas

Ein vergnüglicher Reisebericht und praktischer Ratgeber

Amerikaverrückt

Seit 1987 ist die Autorin zusammen mit ihrem Mann in regelmäßigen Abständen in verschiedensten Regionen der USA unterwegs. Sowohl mit dem Auto als auch mit dem Wohnmobil hat sie dabei Land und Leute im wahrsten Sinne des Wortes "erfahren".
Im Frühjahr 2012 unternahm sie eine Überführungsfahrt mit einem Wohnmobil von Chicago nach Las Vegas.
Der vorliegende Reisebericht schildert die Besonderheiten dieser Reise und beleuchtet die dabei gesammelten Erfahrungen und Eindrücke.
Angereichert werden die gemachten Erlebnisse durch viele Hinweise und praktische Tipps, die in heiterer Form Vor- und Nachteile einer solchen Form des Reisens schildern.
Es handelt sich bei diesem Buch nicht um einen Reiseführer im herkömmlichen Sinne, vielmehr soll dem Leser in unterhaltsamer und kurzweiliger Form ein Einblick in das Reisen mit einem Wohnmobil gegeben werden.

Dieses Buch ist ein Band der Reihe "Amerikaverrückt".

ISBN: 978-3-73228-149-7

Petra Berneker

**Von Denver zum
Yellowstone National Park**

Ein informativer Reisebericht mit
vielen praktischen Tipps

Amerikaverrückt

Nach zahlreichen Reisen zu den typischen Touristenzielen in den USA, wie Kalifornien, Florida und den Südwesten, machte die Autorin zusammen mit ihrem Mann eine Rundreise durch den Westen der USA, durch Colorado, Nebraska, South Dakota, Wyoming und Montana. Beeindruckt von der Weite der Landschaft, der reichhaltigen Tierwelt und den Naturwundern des Yellowstone National Parks schildert sie humorvoll und informativ, wie sie diesen Landstrich, den eigentlichen "Wilden Westen", erlebt hat.

Angereichert wird der Bericht durch Hinweise und praktische Tipps sowie zahlreiche Links zu interessanten Seiten im Internet.

Dieses Buch ist ein Band der Reihe "Amerikaverrückt".

ISBN: 978-3-73579-132-0